4쇄

2026

저자직강
무료인강

제과
제빵
기능사

실기

유튜버 빵선생의 과외교실

- 핵심요약노트
- 저자직강 ▶ 유튜브 채널 운영
- CBT체험형 기출문제&기출복원문제
- NCS 국가직무능력표준 교육과정 반영

 VIP 등업 카페 닉네임 작성란

김연진 편저

JN430666

처음 시작하시는 분들도 어렵지 않게 도전 할 수 있는
제과제빵 기능사

제과·제빵은 남녀노소 누구나 좋아하고, 과거부터 꾸준히 사랑받고 있습니다.
최근에는 제과·제빵을 먹는 것뿐만 아니라, 제조하는 것에도 사람들의 관심이 부쩍 많아졌으며 학원
및 훈련기관에서 배우고자 하는 사람들, 홈베이킹 하는 사람들이 늘어났습니다.
또한, 중·고등학교 학생들의 희망 직종도 제과제빵사가 많아졌으며, 노후 대비로 창업을 준비하시는
분들도 꽤나 많아졌습니다.

제과·제빵의 정답은 사실 뚜렷하지 않습니다.
각 훈련기관마다 가르치는 지도자에 따라서 분명히 방식의 차이는 있을 것입니다. 저는 제과·제빵
훈련기관에서 강의를 할 때, 수강생분들께 이렇게 말씀드립니다.
"무조건 이게 맞다, 아니다가 아닙니다. 이렇게 할 수도 있고, 저렇게 할 수도 있습니다. 다만, 재료의
특성 및 외부의 영향에 따라 해서는 될 것이 있고, 해서는 안 될 것은 있습니다."

특히, 처음 시작하시는 분들은 위생적이고 깔끔하게 하는 습관을 잘 들이셔야 합니다.
제일 중요한 것이 위생이며, 그 다음에 실력입니다. 그리고 재료의 특성에 대해서 정확히 이해하고
시작해야 합니다. 그걸 모른다면 내가 왜 이렇게 하고 있는지조차 알 수 없을 것입니다.

제가 이 책을 쓰면서 초심자들도 이 책을 보고 쉽게 따라할 수 있고, 이해를 쉽게 하게끔 NCS
를 반영하여 저의 노하우와 팁을 고스란히 담게 되었습니다.

　　물론, 이 책을 보시면서 '굳이 이렇게 할 필요 없는데'라고 생각하실 수도 있을 것입니다.
제가 이 때까지 강의하고, 제품을 만들면서 좀 더 좋았던 방법으로 작성한 것임을 알아주셨으면 좋겠
습니다.

　　또한, 집에서도 따라 하실 수 있도록 저의 유튜브 채널에 영상이 업로드 되어 있으니 이 책을
구매하시는 모든 분들께서는 영상을 참고하셔서서 도움이 되시길 바랍니다.

　　실패를 두려워하지 마시고, 항상 앞으로 나아가신다면 분명 좋은 결과가 있을 것입니다.

유튜버 빵선생의 과외교실

김 연 진

국가직무능력표준(NCS)이란?

국가직무능력표준(NCS, National Competency Standards)은 산업현장에서 직무를 수행하기 위해 요구되는 지식·기술·태도 등의 내용을 국가가 체계화한 것입니다.

국가직무능력표준(NCS)이 왜 필요한가요?

능력있는 인재를 개발해 핵심인프라를 구축하고, 나아가 국가경쟁력을 향상 시키기 위해 국가직무능력표준이 필요합니다. 기업은 직무분석자료, 인적자원관리 도구, 인적자원개발 프로그램, 특화자격 신설, 일자리 정보 제공 등을 원합니다. 기업교육훈련기관은 산업현장의 요구에 맞는 맞춤형 교육훈련과정을 개설하여 운영하기를 원합니다.

제과·제빵 능력단위

순번	제과	제빵
1	과자류 제품 개발	빵류 제품 개발
2	과자류 제품 재료 혼합	빵류 제품 반죽 발효
3	과자류 제품 반죽 정형	빵류 제품 반죽 정형
4	과자류 제품 반죽 익힘	빵류 제품 반죽 익힘
5	과자류 제품 포장	빵류 제품 마무리
6	과자류 제품 저장 유통	냉동빵 가공
7	과자류 제품 품질 관리	빵류 제품 품질 관리
8	과자류 제품 위생 안전 관리	빵류 제품 위생 안전 관리
9	과자류 제품 재료 구매 관리	빵류 제품 재료 구매 관리
10	매장 관리	매장 관리
11	베이커리 경영	베이커리 경영
12	과자류 제품 생산 작업 준비	빵류 제품 생산 작업 준비
13	초콜릿 제품 만들기	빵류 제품 스트레이트 반죽
14	찹쌀떡 화과자 만들기	빵류 제품 스펀지 도우 반죽
15	장식 케이크 만들기	빵류 제품 특수 반죽
16	무스 케이크 만들기	페이스트리 만들기
17	-	조리빵 만들기
18	-	고율 배합빵 만들기
19	-	저율 배합빵 만들기

시험 정보

		제과·제빵 기능사 시험 안내(※변동 시 추후 카페 공지)	
시험 과목	필기	• 제과기능사 – 과자류 재료(제과이론), 제조 및 위생관리 • 제빵기능사 – 빵류 재료(제빵이론), 제조 및 위생관리	
	실기	• 제과 기능사 – 제과 실무 • 제빵 기능사 – 제빵 실무	
검정 방법	필기	객관식 4지 택일형, 60문항(60분)	
	실기	작업형(2~4시간 정도)	
합격 기준	필기	100점 만점에 60점 이상(시험 종료 후, 합격 여부 발표)	
	실기	100점 만점에 60점 이상(1~2주 후 합격 여부 발표)	
시험 응시료	필기	14,500원	
	실기	제과(29,500원), 제빵(33,000원)	
응시 제한	제한 없음		
유효 기간	• 필기 취득 후, 2년 ✓ 제과 실기 최종 합격 후에도 제빵 필기가 없으면 실기를 볼 수 없음 • 제과 필기→제과 실기 / 제빵 필기→제빵 실기		
준비물	수험표, 신분증		
원서접수처	큐넷(http://www.q-net.or.kr→회원가입→사진등록→원서접수)		

※시행 기관 : 한국산업인력공단
※관련 부처 : 식품의약품안전처

2026년 위생상태 및 안전관리 세부기준별 채점기준 안내(※변동 시 추후 카페 공지)

- 시험 중 발생 가능한 안전사고 예방 및 식품위생기준의 명시를 위하여 국가기술자격 제과제빵 분야어 공통으로 적용되는 세부기준별 채점기준을 공지합니다.
- 항목별 경중에 따라 실격, 위생상태 및 안전관리 점수 전체 0점으로 구분하오니 참고하시기 바랍니다.
- 일반적인 개인위생, 식품위생, 주방위생, 안전관리를 준수하지 않거나, 위생과 안전을 저해하는 기타사항이 있을 경우 감점 처리될 수 있습니다.

순번	구분	세부 기준

※ 기준 외 일반적인 개인위생, 식품위생, 작업장 위생, 안전관리를 준수하지 않을 경우 감점 처리될 수 있음

(실격) 위생복장 중 1개라도 미착용 시, 평상복 착용 시(흰티셔츠, 와이셔츠, 패션용 모자/털모자/비니/야구모자 등)

(위생 0점) 금지 사항/세부기준 부적합/위생복장 색상 미준수(일부 무늬가 있거나 유색·표식이 가려지지 않는 경우 등)

순번	구분		세부 기준
1	위생복장 / 미착용시 실격	위생복 상의	• 전체 흰색, 팔꿈치가 덮이는 길이 이상의 7부·9부·긴소매 위생복 - 수험자 필요에 따라 흰색 팔토시 착용 가능 • 상의 여밈 단추 등은 위생복에 부착된 것이여야 함 - 벨크로(일명 찍찍이), 단추 등의 크기, 색상, 모양, 재질은 제한하지 않음 • (금지) - 금속성 부착물·뱃지·핀 등 이물 부착 - 팔꿈치 길이보다 짧은 소매 상의 - 부직포·비닐 등 화재에 취약한 재질 - 실험복 형태의 영양사·실험용 가운 등 식품 가공용이 아닌 복장
2		위생복 하의 (앞치마)	•「(색상 무관) 평상복 긴바지 + 흰색 앞치마」또는「흰색 위생복 긴바지(발목 길이)」 - (평상복 긴바지) 색상·재질은 제한이 없으나, 안전사고 예방을 위해 맨살이 드러나지 않는 발목 길이의 긴바지여야 함 - (흰색 앞치마) 무릎 아래까지 덮이는 길이, 상하일체형(목끈형) 가능 • (금지) - 작업에 방해가 될 정도로 통이 넓은 바지, 바닥에 닿을 정도로 지나치게 긴길이의 바지, 타이츠, 레깅스, 치마 등 안전과 작업에 방해가 되는 복장 - 부직포·비닐 등 화재에 취약한 재질
3		위생모	• 전체 흰색, 빈틈이 없고 일반 식품 가공 시 사용되는 위생모 - 크기, 길이, 재질(면, 부직포 등 가능) 제한 없음 • (금지) - 금속성 부착물·뱃지 등 이물 부착(단, 위생모 고정용 머리핀은 사용 가능) - 두건 형태로 뚫려있어 머리카락이 보이거나, 바느질 마감처리가 되어 있지 않은 수건 등으로 감싸 풀어지는 형태의 머릿수건
4		마스크 (입가리개)	• 침액 오염 방지용으로, 종류(색상, 크기, 재질 무관) - '투명 위생 플라스틱 입가리개'허용

5	위생화
	(작업화)
		• 안전사고를 예방할 수 있는 형태의 위생적인 신발(색상 무관)
		  - 발가락, 발등, 발뒤꿈치가 모두 덮일 것
		• (금지)
		  - 미끄러짐 및 화상의 위험이 있는 슬리퍼류
		  - 작업에 방해가 되는 굽이 높은 구두, 속 굽 있는 운동화

6	장신구	• (금지)
		  - 일체의 장신구(단, 위생모 고정용 머리핀은 사용 가능)
		  - 손목시계, 반지, 귀걸이, 목걸이, 팔찌 등

7	두발	• 단정하고 청결할 것 머리카락이 길 경우 흘러내리지 않도록 머리망을 착용하거나 묶을 것
8	손/손톱	• 손에 상처가 없어야 하나, 상처가 있을 경우 식품용 장갑 등을 사용하여 상처가 노출되지 않도록 할 것(시험위원 확인 하에 추가 조치 가능), 손톱은 길지 않고 청결해야 함 • (금지) - 매니큐어, 인조손톱 등

9	위생관리	• 작업 과정은 위생적이어야 하며, 도구는 식품 가공용으로 적합해야 함
		• 장갑 착용 시 용도에 맞도록 구분하여 사용할 것
		  (예시) 설거지용과 작품 제조용은 구분하여 사용해야 함, 위반 시 위생 0점 처리
		• 눈금 표시된 조리기구 사용 허용(단, 숙련도에 영향을 미칠 만큼 눈금 표시에 의존하여 측정할 경우에는 채점 평가에 반영될 수 있음에 유의)
		• 위생복장의 소속 및 성명 등의 표식 제거는 테이프를 부착하여 가릴 수 있음
		• 일반쓰레기, 음식물쓰레기, 폐식용유 등은 시험위원이 지시하는 장소에 처리할 것
		• 수도자의 경우 제복＋위생복(상하의), 위생모, 마스크 착용을 허용함
		• (금지)
		  - 위생복장 외 조리 도구에 이물질(예 테이프) 부착하지 않을 것
		  - 위생복장, 개인물품, 조리도구에 소속, 성명 등 개인을 특정할 수 있는 표식을 하지 않을 것(브랜드 마크 제외)

10	안전사고 발생 처리	• 안전사고(자상, 화상 등) 발생 시 즉시 감독위원에게 알리고 조치를 받아야 하며, 응급 조치에도 시험 진행이 불가하다는 감독위원의 판단이 있을 경우 시험 응시를 제한

※ 위생상태 및 안전관리 세부기준별 채점기준 안내는 식품안전관리인증기준(HACCP) 평가(심사) 매뉴얼, 위생등급 가이드라인 평가 기준 및 시행상의 운영사항을 참고하여 작성된 기준입니다.

※ 위 기준 외 일반적인 개인위생, 식품위생, 작업장 위생, 안전관리를 준수하지 않을 경우 감점 처리될 수 있습니다.

※ 시험장 내 모든 개인물품에는 기관 및 성명 등의 표시가 없어야 합니다.

수험자 유의사항

1. 항목별 배점은 제조공정 55점, 제품평가 45점이며, 요구사항 외의 제조방법 및 채점기준은 비공개입니다.

2. 시험시간은 재료 전처리 및 계량시간, 제조, 정리정돈 등 모든 작업과정이 포함된 시간입니다
   (감독위원의 계량확인 시간은 시험시간에서 제외).

3. 수험자 인적사항은 검정색 필기구만 사용하여야 합니다. 그 외 연필류, 유색 필기구, 지워지는 펜 등은 사용이 금지됩니다.

4. 시험 전과정 위생수칙을 준수하고 안전사고 예방에 유의합니다.

- 시작 전 가벼운 몸 풀기(스트레칭) 운동을 실시한 후 시험을 시작하십시오.
- 위생복장의 상태 및 개인위생(장신구, 두발·손톱의 청결 상태, 손씻기 등)의 불량 및 정리 정돈 미흡 시 위생 항목 감점처리 됩니다. .

5. 다음 사항은 실격에 해당하여 채점 대상에서 제외됩니다.
   가) 수험자 본인이 수험 도중 시험에 대한 포기 의사를 표현하는 경우
   나) 위생복 상의, 위생복 하의(또는 앞치마), 위생모, 마스크 중 1개라도 착용하지 않은 경우
   다) 시험시간 내에 작품을 제출하지 못한 경우
   라) 수량(미달), 모양을 준수하지 않았을 경우
   - 요구사항에 명시된 수량 또는 감독위원이 지정한 수량(시험장별 팬의 크기에 따라 조정 가능)을 준수하여 제조하고, 잔여 반죽은 감독위원의 지시에 따라 별도로 제출하시오.
   - 지정된 수량 초과, 과다 생산의 경우는 총점에서 10점을 감점합니다. (단, 'O개 이상'으로 표기된 과제는 제외합니다.)
   - 반죽 제조법(공립법, 별립법, 시퐁법 등)을 준수하지 않은 경우는 제조공정에서 반죽 제조 항목을 0점 처리하고, 총점에서 10점을 추가 감점합니다.
   마) 상품성이 없을 정도로 타거나 익지 않은 경우
   바) 지급된 재료 이외의 재료를 사용한 경우
   사) 시험 중 시설·장비의 조작 또는 재료의 취급이 미숙하여 위해를 일으킬 것으로 감독위원 전원이 합의하여 판단한 경우

6. 의문 사항이 있으면 감독위원에게 문의하고, 감독위원의 지시에 따릅니다.

7. 요구사항 전과제 공통
   가) 제출 수량에 맞추어 제품을 제조하고, 잔여 반죽은 감독위원의 확인 후 별도로 제출하시기 바랍니다.
   나) 전량 제조 과제의 경우, 제조 가능한 최대수량을 제조하고 제품으로 제조가 불가능한 잔여 반죽은 감독위원의 확인 후 별도로 제출하시기 바랍니다.
   다) 시험장내 팬의 크기 또는 보유 수량이 공개문제와 상이한 경우, 감독위원이 별도로 지정할 수 있습니다. 지정된 수량을 준수하여 작업하시기 바랍니다.

수험자 지참 준비물

명칭	제과 기능사		제빵 기능사	
	지참 여부	규격 및 수량	지참 여부	규격 및 수량
저울	필요시 지참 가능 (시험장에 있음)	측정단위는 1g 또는 2g, 크기 및 색깔 제한 없음	필요시 지참 가능 (시험장에 있음)	측정단위는 1g 또는 2g, 크기 및 색깔 제한 없음
소도구	시험장에 구비되어 있으나 챙기면 좋음	계량컵, 쟁반, 종이컵, 일회용 우동그릇, 숟가락 등	시험장에 구비되어 있으나 챙기면 좋음	계량컵, 쟁반, 종이컵, 일회용 우동그릇, 숟가락 등
행주	○	3~7개	○	3~7개
목장갑 (오븐장갑)	○	2~3켤레 겹쳐서 준비	○	2~3켤레 겹쳐서 준비
고무주걱	○	2~3개	○	1개
나무주걱	○	1개	필요시 지참 가능	베이글 데칠 경우 2개
원형 체	×	-	필요시 지참 가능	베이글 데칠 경우 1개(지름 15cm)
테프론 시트지	○	2~3장	필요시 지참 가능	-
계산기	○	1개	×	-
붓	○	1개	○	1개
스크래퍼	○	1~2개	○	1~2개
온도계	○	1개 (유리제품 제외)	○	1개 (유리제품 제외)
면보	필요시 지참 가능	롤케이크 말 경우 60×60cm	필요시 지참 가능	발효 시 사용 (비닐 대체 가능)

명칭	제과 기능사		제빵 기능사	
	지참 여부	규격 및 수량	지참 여부	규격 및 수량
짤주머니	○	천(1개) 또는 비닐2~3개 (터질 경우 대비)	○	천(1개) 또는 비닐2~3개 (터질 경우 대비)
모양깍지	필요시 지참 가능	시험장에 구비되어 있음	필요시 지참 가능	시험장에 구비되어 있음
분무기	○	1개	○	1개
자	○	1개(30~50cm)	○	1개(30~50cm)
커터칼	○	1개	○	1개
볼펜	○	흑색(연필 제외)	○	흑색(연필 제외)
위생복, 위생모, 작업화	○	기준 안내 참고	○	기준 안내 참고
신분증	○	필수	○	필수

과제 목록 및 시험 시간

제과 기능사		제빵 기능사	
과제명	시험시간	과제명	시험시간
초코머핀	1시간 50분	빵도넛	3시간
버터스펀지케이크(별립법)	1시간 50분	소시지빵	3시간 30분
젤리롤케이크	1시간 30분	식빵(비상스트레이트법)	2시간 40분
소프트롤케이크	1시간 50분	단팥빵(비상스트레이트법)	3시간
스펀지케이크(공립법)	1시간 50분	그리시니	2시간 30분
마드레느	1시간 50분	밤식빵	3시간 40분
쇼트브레드쿠키	2시간	베이글	3시간 30분
슈	2시간	스위트롤	3시간 30분
브라우니	1시간 50분	우유식빵	3시간 40분
과일케이크	2시간 30분	단과자빵(트위스트형)	3시간 30분
파운드케이크	2시간 30분	단과자빵(크림빵)	3시간 30분
다쿠와즈	1시간 50분	풀만식빵	3시간 40분
타르트	2시간 20분	단과자빵(소보로빵)	3시간 30분
흑미롤케이크	1시간 50분	쌀식빵	3시간 40분
시퐁케이크(시퐁법)	1시간 40분	호밀빵	3시간 30분
마데라(컵)케이크	2시간	버터톱식빵	3시간 30분
버터쿠키	2시간	옥수수식빵	3시간 40분
치즈 케이크	2시간 30분	모카빵	3시간 30분
호두파이	2시간 30분	버터롤	3시간 30분
초코롤케이크	1시간 50분	통밀빵	3시간 30분

제과·제빵 기능사 실기 출제기준

제과 실무(실기과목명)		제빵 실무(실기과목명)	
능력단위명 (주요항목)	능력단위요소 (세부항목)	능력단위명 (주요항목)	능력단위요소 (세부항목)
과자류제품 재료혼합	1. 재료계량하기 2. 반죽형 반죽하기 3. 거품형 반죽하기 4. 퍼프 페이스트리 반죽하기 5. 충전물 제조하기 6. 다양한 반죽하기	빵류제품 스트레이트 반죽	1. 스트레이트법 반죽하기 2. 비상스트레이트법 반죽하기
과자류제품 반죽정형	1. 분할 팬닝하기 2. 쿠키류 성형하기 3. 퍼프 페이스트리 성형하기 4. 다양한 성형하기	빵류제품 스펀지 도우 반죽	1. 스펀지 반죽하기 2. 본반죽하기
과자류제품 반죽익힘	1. 반죽 굽기 2. 반죽 튀기기 3. 반죽 찌기	빵류제품 특수 반죽	1. 사우어도우법 반죽하기 2. 액종법 반죽하기
과자류제품 포장	1. 과자류제품 냉각하기 2. 과자류제품 장식하기 3. 과자류제품 포장하기	빵류제품 반죽발효	1. 1차 발효하기 2. 2차 발효하기 3. 다양한 발효하기
과자류제품 저장유통	1. 과자류제품 실온냉장저장하기 2. 과자류제품 냉동저장하기 3. 과자류제품 유통하기	빵류제품 반죽정형	1. 반죽 분할 및 둥글리기 2. 중간 발효하기 3. 반죽 성형 팬닝하기
과자류제품 위생안전관리	1. 개인 위생안전관리하기 2. 환경 위생안전관리하기 3. 기기 안전관리하기 4. 공정 안전관리하기	빵류제품 반죽익힘	1. 반죽 굽기 2. 반죽 튀기기 3. 다양한 익히기
과자류제품 생산작업 준비	1. 개인위생 점검하기 2. 작업환경 점검하기 3. 기기·도구 점검하기	빵류제품 마무리	1. 빵류제품 충전하기 2. 빵류제품 토핑하기 3. 빵류제품 냉각포장하기
		빵류제품 위생안전관리	1. 개인 위생안전관리하기

제과 기능사 실기 제조법

반죽법		방법	기능사 품목에 해당되는 제품
반죽형	크림법	유지에 설탕을 넣고 믹싱하여 계란을 투입하는 방식, 반죽의 부피를 우선시함	초코머핀, 쇼트브레드쿠키, 파운드케이크, 타르트, 마데라(컵)케이크, 버터쿠키
	블렌딩법	유지에 가루를 넣고 피복하는 방식, 반죽의 부드러움(유연감)을 우선시함	-
	설탕물법	설탕2 : 물1의 액당을 제조하며, 균일한 색상을 내고, 대량 생산에 주로 이용	-
	1단계법	모든 재료를 혼합 또는 믹싱하며, 단단계법이라고도 함	마드레느, 브라우니
거품형	공립법	전란을 믹싱하며 일반적으로 믹싱하는 찬믹싱의 반죽온도는 22~24℃이며, 중탕으로 43℃까지 데워서 믹싱하는 더운믹싱도 있음	버터스펀지케이크(공립법), 젤리롤케이크, 초코롤케이크, 흑미롤케이크
	별립법	흰자와 노른자에 설탕을 넣고 각각 믹싱하여 혼합하는 방법	버터스펀지케이크(별립법), 소프트롤케이크
시퐁형		흰자는 설탕을 넣어 믹싱하여 머랭을 만들고, 노른자는 거품을 만들지 않고 흰자와 노른자를 혼합하는 방법	시퐁케이크(시퐁법)
복합형		크림별립법이라고도 하며, 크림법과 머랭을 혼합하는 방법	과일케이크, 치즈케이크
스코틀랜드식		밀가루에 유지를 넣고 호두 크기로 다져서 물을 섞어서 반죽하는 방법	호두파이
슈 반죽		호화(전분에 물과 열을 가해 풀이 되는 현상)될 때까지 저은 후, 달걀을 소량씩 넣으면서 매끈하게 반죽하는 방법으로 구웠을 때, 속이 비어있음	슈
머랭 쿠키		흰자에 설탕을 넣어 믹싱하여 머랭을 제조하고, 가루 재료를 넣어 반죽하는 방법	다쿠와즈

제빵 기능사 실기 제조법

제빵 기능사 시험의 모든 제품은 모든 재료를 한꺼번에 넣고 반죽하는 스트레이트법(직접법)이며, 순서는 『믹싱 →1차발효→분할→둥글리기→중간발효→성형→팬닝→2차발효→굽기→냉각』이 표준이며 빵의 종류에 따라 믹싱이 조금씩 차이가 있음

	믹싱의 6단계	특징	기능사 품목에 해당되는 제품
1단계	픽업 단계 (Pick-up stage)	재료의 혼합 및 수화가 이루어지는 단계	–
2단계	클린업 단계 (Clean-up stage)	글루텐이 형성되기 시작하는 단계, 유지를 투입하는 단계	–
3단계	발전 단계 (Development stage)	반죽의 탄력성이 최대인 단계, 모양을 유지해야 하는 빵들 및 기타가루가 들어간 대부분의 빵들 이 이 단계에서 믹싱을 완료함	그리시니, 베이글은 발전단계까지 하며, 옥수수 식빵·호밀빵·통밀빵 은 발전단계 후기까지 믹싱하여 반죽의 터짐을 방지한다.
4단계	최종 단계 (Final stage)	반죽의 탄력성과 신장성이 최대인 단계, 대부분 빵류가 해당됨	위 품목을 제외한 모든 품목은 최종단계까지 하며, 단팥빵과 식빵은 비상반죽법이므로 최종보다 조금 더 믹싱한다.
5단계	렛 다운 단계 (Let down stage)	반죽의 신장성이 최대인 단계, 틀을 사용하는 빵이 해당됨	–
6단계	파괴 단계 (Break down stage)	탄력성과 신장성이 상실되며, 글루텐이 파괴됨	–

오븐온도 한 눈에 외우기

제과 기능사	제빵 기능사
쿠키류 : 上 200℃ / 下 150℃ (버터쿠키, 쇼트브레드 쿠키) |쿠키류 예외| • 마들렌 : 上 170℃ / 下 160℃ • 다쿠와즈 : 上 180℃ / 下 160℃	작은 분할량 빵 : 上 200℃ / 下 150℃ (단팥빵, 트위스트형, 크림빵, 버터롤, 소보로빵)
슈 : 上 160℃ / 下 180℃ → 上 180℃ / 下 160℃	큰 분할량 빵 • 모카빵 : 上 180℃ / 下 160℃ • 호밀빵 : 上 190℃ / 下 180℃
파이, 타르트류 • 호두파이, 타르트 : 上 170℃ / 下 190℃	식빵 : 上 170℃ / 下 180℃ (비상식빵, 밤식빵, 우유식빵, 풀만식빵, 옥수수식빵, 버터톱식빵, 쌀식빵)
케이크류 : 上 180℃ / 下 160℃ (버터스펀지케이크(공립법,별립법), 소프트롤케이크, 젤리롤케이크, 과일케이크, 마데라(컵)케이크, 초코머핀, 초코롤케이크, 흑미롤케이크) |케이크류 예외| • 파운드 케이크 : 上 190℃ / 下 170℃ → 上 170℃ / 下 170℃ • 브라우니 : 上 170℃ / 下 160℃ • 치즈케이크 : 上 150℃ / 下 150℃ • 시퐁케이크 : 上 180℃ / 下 170℃	기타빵 • 소시지빵, 통밀빵, 스위트롤 : 上 190℃ / 下 160℃ • 베이글 : 上 200℃ / 下 180℃ • 그리시니 : 上 210℃ / 下 180℃ • 빵도넛 : 175~185℃(스텐볼 사용 시)

목차
(contents)

제1장 제과기능사

빵선생의 과외교실

제2장　제빵기능사

식빵

작은 분할량 빵

제1장
제과 실기

버터쿠키 - 크림법

버터함량이 많은 반죽형 쿠키로 짜서 모양을 내어 만든 쿠키이다.

⏱ 시험 시간 : 2시간

✎ 요구사항

버터쿠키를 제조하여 제출하시오.

비율(%)	재료명	무게(g)
100	박력분	400
70	버터	280
50	설탕	200
1	소금	4
30	달걀	120
0.5	바닐라향	2
251.5	계	1,006

1. 배합표의 각 재료를 계량하여 재료별로 진열하시오(6분).

   • 재료계량(재료당 1분)→[감독위원 계량확인]→작품제조 및 정리정돈(전체시험시간 - 재료계량시간)
   • 재료계량 시간 내에 계량을 완료하지 못하여 시간이 초과된 경우 및 계량을 잘못한 경우는 추가의 시간 부여 없이 작품 제조 및 정리정돈 시간을 활용하여 요구사항의 무게대로 계량
   • 달걀의 계량은 감독위원이 지정하는 개수로 계량

2. 반죽은 크림법으로 수작업 하시오.
3. 반죽온도는 22℃를 표준으로 하시오.
4. 별모양깍지를 끼운 짤주머니를 사용하여 2가지 모양짜기를 하시오(8자, 장미모양).
5. 반죽은 전량을 사용하여 성형하시오.

✎ 재료 계량 후, 이 것부터 준비합시다!

오븐 예열(上200 下150), 가루체질(박력분, 바닐라향)

» 컷에 보이는 휘퍼와 관계없이 거품기를 사용하는 수작업임을 알려드립니다.

1 버터를 부드럽게 풀어준다(딱딱한 버터는 따뜻한 물을 받쳤다가 떼며, 버터가 녹지 않는 선에서 말랑하게 풀어 준 후, 믹싱한다.).

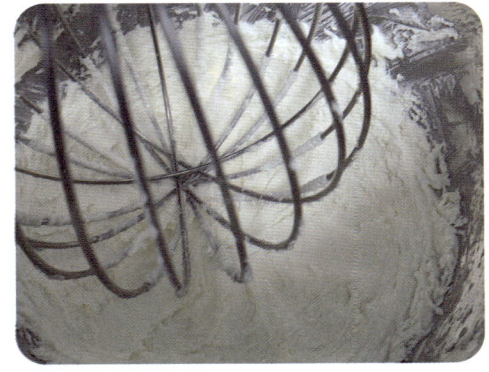

2 설탕, 소금을 넣어 크림상태로 만든다(실내가 추울 경우에 2~3회 나누어 넣으면 더 빨리 크림상태를 만들 수 있으며, 양이 많아지고, 색상이 밝아지고, 부드러운 느낌이 들 때까지 믹싱한다.).

❸ 달걀을 한 알 또는 두 알씩 넣어 설탕 입자가 60% 용해된 부드러운 크림을 만든다(달걀이 버터와 분리되지 않도록 노른자부터 넣어주거나, 달걀을 풀어서 넣을 경우에는 일정한 양을 일정한 간격에 맞추어 넣는다.).

❹ 믹싱 도중 벽에 붙어 있는 반죽들도 잘 섞일 수 있도록 벽면을 자주 긁어주며(스크래핑) 매끄러운 크림 상태로 만든다.

❺ 체 친 가루를 넣어 주걱으로 자르듯이 일자 혼합한다(글루텐 형성을 최소화하기 위함, 반죽온도 22℃).

❻ 별깍지를 끼운 짤주머니에 담아 8자(가로 3cm, 세로 7cm), 장미형(가로 및 세로 4cm)을 일정한 간격에 맞추어 팬닝한다(8자와 장미형은 다른 철판에 각 각 팬닝하는 것이 굽기가 편하며, 감독위원의 지시에 따라 철판 수를 맞춘다.).

7 윗불 200℃, 아랫불 150℃에서 10분 전후로 굽기를 한다(굽다가 한 쪽만 색이 나면 철판을 돌려 색상을 맞춰준다.).

8 냉각팬 위에 위생지를 깔고, 제출한다.

✎ **제품 평가**

1. 일정한 크기와 두께로 인하여 색상이 고르게 나야 한다.
2. 쿠키가 퍼지지 않고, 별깍지의 결이 있어야 한다.

⁉ **많이 하는 질문 BEST**

Q 설탕을 다 녹이면 어떻게 되나요?

A 모양을 짰을 때, 별깍지의 결이 사라지고 퍼지게 됩니다.

Q 한 쪽만 색이 진해요.

A 짜기를 할 때, 기울여서 짜게 되면, 한 쪽만 얇아지므로 그 쪽만 색이 진하게 됩니다. 기울이지 않도록 주의하세요.

Q 책에 적혀있는대로 규격을 꼭 맞추어야 하나요?

A 아니요, 규격은 사실 크게 상관없지만 너무 크거나 너무 작지 않도록 일정하게만 잘 팬닝 해 주세요.

쇼트브레드 쿠키 - 크림법

유지함량이 많은 반죽형 쿠키로 밀어편 후, 찍어서 만든 쿠키이다.

🕐 시험 시간 : 2시간

✎ 요구사항

쇼트브레드 쿠키를 제조하여 제출하시오.

비율(%)	재료명	무게(g)
100	박력분	500
33	마가린	165(166)
33	쇼트닝	165(166)
35	설탕	175(176)
1	소금	5(6)
5	물엿	25(26)
10	달걀	50
10	노른자	50
0.5	바닐라향	2.5(2)
227.5	계	1137.5 (1142)

1. 배합표의 각 재료를 계량하여 재료별로 진열하시오(9분).

   - 재료계량(재료당 1분)→[감독위원 계량확인]→작품제조 및 정
     리정돈(전체시험시간 - 재료계량시간)
   - 재료계량 시간 내에 계량을 완료하지 못하여 시간이 초과된
     경우 및 계량을 잘못한 경우는 추가의 시간 부여 없이 작품제
     조 및 정리정돈 시간을 활용하여 요구사항의 무게대로 계량
   - 달걀의 계량은 감독위원이 지정하는 개수로 계량

2. 반죽은 수작업으로 하여 크림법으로 제조하시오.
3. 반죽온도는 20℃를 표준으로 하시오.
4. 제시한 정형기를 사용하여 두께 0.7∼0.8cm, 지름 5 ∼ 6cm
   (정형기에 따라 가감) 정도로 정형하시오.
5. 제시한 2개의 팬에 전량 성형하시오.
6. 달걀노른자칠을 하여 무늬를 만드시오.
   - 달걀은 총 7개를 사용하며, 달걀 크기에 따라 감독위원이
     가감하여 지정할 수 있다.
     ① 배합표 반죽용 4개(달걀 1개 + 노른자용 달걀 3개)
     ② 달걀 노른자칠용 달걀 3개

✎ 재료 계량 후, 이 것부터 준비합시다!

오븐 예열(上200 下150), 가루체질(박력분, 바닐라향)

1 마가린과 쇼트닝을 부드럽게 풀어준다(고속 믹싱, 이 작업을 잘해주지 않으면, 다음 작업 시간이 오래 걸린다. 마가린과 쇼트닝 중 하나만 차갑고 딱딱하다면 그것부터 풀고, 다른 유지를 넣어야 더 잘 풀린다. 딱딱한 유지는 주걱으로 으깨거나 저속 또는 중속 믹싱 후 고속으로 믹싱한다.).

2 설탕, 소금, 물엿을 넣어 **크림상태**로 만든다(고속 믹싱, 설탕양이 유지양에 비해 적으므로 한 번에 넣으며 **양이 많아지고, 색상이 밝아지고, 부드러운 느낌이 들 때까지 믹싱**한다.).

3 달걀과 노른자는 합친 후, 풀어주고 일정한 양을 투입하고 믹싱하여 설탕 입자가 60% 용해된 부드러운 크림을 만든다(고속 믹싱, 노른자가 많으므로 분리가 쉽게 나지는 않으나 두 번 정도 나누어 넣는 것이 좋다.).

4 믹싱 도중 벽에 붙어있는 반죽들도 잘 섞일 수 있도록 벽면을 자주 긁어주며(스크래핑) 매끄러운 크림 상태로 만든다.

5 체 친 가루를 넣어 주걱으로 자르듯이 일자 혼합한다(글루텐 형성을 최소화하기 위함, 반죽온도 20℃).

6 한 덩이가 된 반죽은 비닐에 감싸 납작하게 만들어 냉장고에서 20~30분 휴지시킨다.

7 덧가루 없이 치대어 밀어펴기 좋은 상태로 만든 후, 두께 0.7~0.8cm로 밀어펴고, 지급된 원형 커터 (지름 0.5~0.6cm)로 자투리를 최소화하여 찍어낸 후, 일정한 간격에 맞추어 팬닝한다(원형 커터가 반죽에서 잘 떨어지게 하기 위하여 밀가루를 한 번 묻힌다. 반죽양이 많기 때문에 세 덩이로 나뉘어 각각 밀어펴고, 자투리 반죽은 자투리 반죽끼리 뭉쳐 밀어펴고 팬닝한다.).

8 알끈을 제거한 노른자를 준비하여 붓으로 한 번 바르고, 살짝 마르면 한 번 더 발라 선명한 노란색을 만든다(배합표에 계량한 노른자는 반죽에 사용되고, 윗면에 바르는 노른자는 따로 준비한다.).

9 노른자가 너무 많으면 살짝 말린 후, 포크 무늬를 낸다(감독위원이 지정한 무늬로 내고, 지정한 무늬가 없을 경우에는 일자, 격자, 물결 무늬를 낼 수 있다. 노른자 양이 많으면 포크 무늬가 사라지므로 주의하고, 포크에 묻은 노른자는 제품 한 개 당 한 번씩 행주에 닦아서 무늬를 내야 지저분하지 않다.).

10 윗불 200℃, 아랫불 150℃에서 10분 전후로 굽기를 한다(굽다가 한 쪽만 색이 나면 철판을 돌려 색상을 맞춰준다.).

11 냉각팬 위에 위생지를 깔고, 제출한다.

✎ 제품 평가

1. 바닥은 황토빛 갈색이며 윗면은 노릇노릇하게 색이 나야 한다.
2. 두께가 0.7~0.8cm이며, 퍼지지 않고, 포크 자국이 제대로 있어야 한다.

⁉ 많이 하는 질문 BEST

Q 휴지가 다 되었다는 것은 어떻게 알 수 있나요?

A 손가락으로 눌렀을 때 자국이 그대로 남으면 휴지가 다 된거고, 손가락 자국이 사라진다면 휴지가 부족한 것입니다.

Q 굽고 났더니, 모양이 원형이 아니라 타원형으로 바뀌었어요.

A 포크가 지나갈 때, 너무 세게 긁듯이 지나가면 모양이 변형되므로, 주의하세요.

Q 밀어펴기 시, 자꾸 갈라집니다.

A 덧가루를 한 번에 많이 사용하게 되면, 반죽이 갈라집니다. 덧가루는 소량씩 자주 사용해 주세요.

Q 분명 똑같이 두께를 맞췄는데 어떤건 두껍고, 어떤건 너무 얇게 나왔어요.

A 처음 밀어펴고 찍어낸 반죽은 잘 부풀어 도톰하게 잘 나오지만, 자투리 반죽을 뭉쳐서 사용한 반죽은 잘 부풀지 않기 때문에 색도 진하고, 얇게 나옵니다. 그러므로 자투리 반죽이 많이 나오지 않도록 찍어 주세요.

마데라(컵)케이크 – 크림법

마데라 섬에서 적포도주를 생산하여 컵케이크에 사용하여 마데라컵케이크라는 이름이 붙여졌다.

⏱ 시험 시간 : 2시간

요구사항

마데라(컵) 케이크를 제조하여 제출하시오.

비율(%)	재료명	무게(g)
100	박력분	400
85	버터	340
80	설탕	320
1	소금	4
85	달걀	340
2.5	베이킹파우더	10
25	건포도	100
10	호두	40
30	적포도주	120
418.5	계	1,674
✔ 충전용 재료는 계량시간에서 제외		
20	분당	80
5	적포도주	20

1. 배합표의 각 재료를 계량하여 재료별로 진열하시오(9분).

   - 재료계량(재료당 1분)→[감독위원 계량확인]→작품제조 및 정리정돈(전체시험시간 - 재료계량시간)
   - 재료계량 시간 내에 계량을 완료하지 못하여 시간이 초과된 경우 및 계량을 잘못한 경우는 추가의 시간 부여 없이 작품제조 및 정리정돈 시간을 활용하여 요구사항의 무게대로 계량
   - 달걀의 계량은 감독위원이 지정하는 개수로 계량

2. 반죽은 크림법으로 제조하시오.
3. 반죽온도는 24℃를 표준으로 하시오.
4. 반죽분할은 주어진 팬에 알맞은 양을 패닝하시오.
5. 적포도주 퐁당을 1회 바르시오.
6. 반죽은 전량을 사용하여 성형하시오.
※ 감독위원은 시험 전 주어진 팬을 감안하여 팬의 개수를 지정하여 공지한다.

재료 계량 후, 이 것부터 준비합시다!

- 오븐 예열(上180 下160), 가루체질(박력분, B.P), 틀준비(믹싱 시간에 준비하면 시간을 단축할 수 있음)
- 건포도는 적포도주에 담가 비닐을 덮어 전처리

1 버터를 부드럽게 풀어준다(고속 믹싱, 이 작업을 잘해주지 않으면, 다음 작업 시간이 오래 걸린다.).

2 설탕, 소금을 넣어 크림상태로 만든다(고속 믹싱, 실내가 추울 경우에 2~3회 나누어 넣으면 더 빨리 크림상태를 만들 수 있으며, 양이 많아지고, 색상이 밝아지고, 부드러운 느낌이 들 때까지 믹싱한다.).

3 달걀을 한 알 또는 두 알씩 넣어 100% 용해된 부드러운 크림을 만든다(고속 믹싱, 달걀이 버터와 분리되지 않도록 노른자부터 넣어주거나, 달걀을 풀어서 넣을 경우에는 일정한 양을 일정한 간격에 맞추어 넣는다.).

4 믹싱 도중 벽에 붙어 있는 반죽들도 잘 섞일 수 있도록 벽면을 자주 긁어주며(스크래핑) 매끄러운 크림 상태로 만든다.

5 체 친 가루를 넣어 고무주걱으로 위에서 아래로 털어내듯 혼합한다(기계 사용 시, 저속→중속으로 혼합가능하며, 벽면을 긁어준다.).

6 가루 80% 혼합 시, 적포도주를 혼합하고, 건포도와 호두를 넣어 혼합한다(반죽온도 24℃, 기계 사용 시, 저속으로 혼합가능 하며, 기계 사용이 끝난 후엔 휘퍼를 빼고 주걱으로 바닥까지 긁으며 반죽을 저어준다.).

7 머핀컵 속에 속지를 깔고(믹싱 도중 준비가능) 깍지 없는 짤주머니에 반죽을 넣어 70% 팬닝한다(감독위원의 지시에 따라 20개를 맞춰야 할 경우 70% 팬닝, 24개를 맞춰야 할 경우 60~65% 팬닝하며, 처음부터 양을 맞추려 하기 보다는 대략적으로 맞춘 후, 남은 반죽을 모자란 부분에 채워 넣으면 편하다.).

8 윗불 180℃, 아랫불 160℃에서 25분 전후로 굽기를 한다(손으로 두드려 봤을 때 탄력이 느껴지면 굽기 완료이다. 이쑤시개로 찔러봤을 때 아무것도 묻어있지 않아도 굽기가 다 되었다고 볼 수 있다. 굽기 하는 동안 분당과 적포도주를 계량하고, 굽기 완료 직전에 덩어리 없이 혼합하여 퐁당을 만든다.).

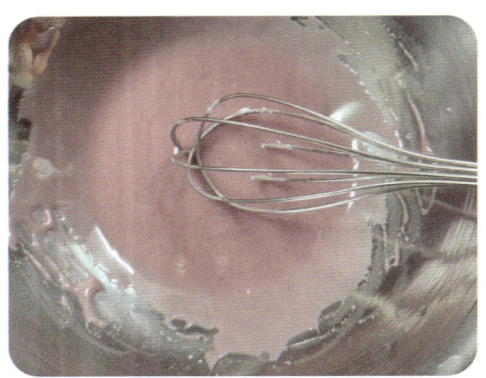

9 구운 직후, 붓으로 윗면에 퐁당을 발라준 후, 오븐에 다시 넣어서 5~10분 말려준다(색이 진할 경우, 꺼진 오븐에서 잔열로 말려주고, 색이 연할 경우, 아랫불만 0℃로 하여 말려준다.).

10 냉각팬 위에 위생지를 깔고, 컵을 뒤집어 머핀을 꺼내 제출한다(머핀컵이 아닌 머핀틀이 나올 경우, 조심스럽게 꺼낸다.).

✎ **제품 평가**

1. 팬닝양이 모두 일정하게 나와야 한다.
2. 내부는 호두와 건포도가 바닥에 가라앉지 않아야 한다.
3. 윗면이 많이 터지지 않으며, 둥그름 하고, 퐁당은 하얗게 건조가 되어야 한다.

⁉ **많이 하는 질문 BEST**

Q 윗면이 뾰족하게 솟아서 갈라졌습니다.

A 가루혼합을 너무 오랫동안 하게 되면, 반죽이 무거워져서 팽창을 예쁘게 하지 못하고, 가운데만 솟는 경우가 있습니다.

Q 윗면 건조가 잘 되지 않습니다.

A 퐁당을 너무 많이 바르게 되면 건조하는데 시간이 많이 걸립니다. 오븐에서 조금 오래 말려주세요

초코머핀(초코컵케이크) – 크림법

코코아파우더와 초코칩이 들어간 달고 촉촉한 머핀이다.

시험 시간 : 1시간 50분

✎ 요구사항

초코머핀(초코컵케이크)을 제조하여 제출하시오.

1. 배합표의 각 재료를 계량하여 재료별로 진열하시오(11분).

- 재료계량(재료당 1분)→[감독위원 계량확인]→작품제조 및 정리정돈(전체시험시간－재료계량시간)
- 재료계량 시간 내에 계량을 완료하지 못하여 시간이 초과된 경우 및 계량을 잘못한 경우는 추가의 시간 부여 없이 작품제조 및 정리정돈 시간을 활용하여 요구사항의 무게대로 계량
- 달걀의 계량은 감독위원이 지정하는 개수로 계량

2. 반죽은 크림법으로 제조하시오.
3. 반죽온도는 24℃를 표준으로 하시오.
4. 초코칩은 제품의 내부에 골고루 분포되게 하시오.
5. 반죽분할은 주어진 팬에 알맞은 양으로 패닝하시오.
6. 반죽은 전량을 사용하여 성형하시오.
※ 감독위원은 시험 전 주어진 팬을 감안하여 팬의 개수를 지정하여 공지한다.

비율(%)	재료명	무게(g)
100	박력분	500
60	설탕	300
60	버터	300
60	달걀	300
1	소금	5(4)
0.4	베이킹소다	2
1.6	베이킹파우더	8
12	코코아파우더	60
35	물	175(174)
6	탈지분유	30
36	초코칩	180
372	계	1,860 (1,858)

✎ 재료 계량 후, 이 것부터 준비합시다!

오븐 예열(上180 下160), 가루체질(박력분, B.S, B.P, 코코아파우더, 탈지분유), 틀준비(믹싱 시간에 준비하면 시간을 단축할 수 있음)

1 버터를 부드럽게 풀어준다(고속 믹싱, 이 작업을 잘해주지 않으면, 다음 작업 시간이 오래 걸린다.).

2 설탕, 소금을 넣어 크림상태로 만든다(고속 믹싱, 실내가 추울 경우에 2~3회 나누어 넣으면 더 빨리 크림상태를 만들 수 있으며, 양이 많아지고, 색상이 밝아지고, 부드러운 느낌이 들 때까지 믹싱한다.).

3 달걀을 한 알 또는 두 알씩 넣어 100% 용해된 부드러운 크림을 만든다(고속 믹싱, 달걀이 버터와 분리되지 않도록 노른자부터 넣어주거나, 달걀을 풀어서 넣을 경우에는 일정한 양을 일정한 간격에 맞추어 넣는다.).

4. 믹싱 도중 벽에 붙어 있는 반죽들도 잘 섞일 수 있도록 벽면을 자주 긁어주며(스크래핑) 매끄러운 크림 상태로 만든다.

5 체 친 가루를 넣어 고무주걱으로 위에서 아래로 털어내듯 혼합한다(기계 사용 시, 저속→중속으로 혼합가능 하며, 벽면을 긁어준다.).

6 가루 80% 혼합 시, 물을 혼합한다(기계 사용 시, 저속으로 혼합가능 하다.).

 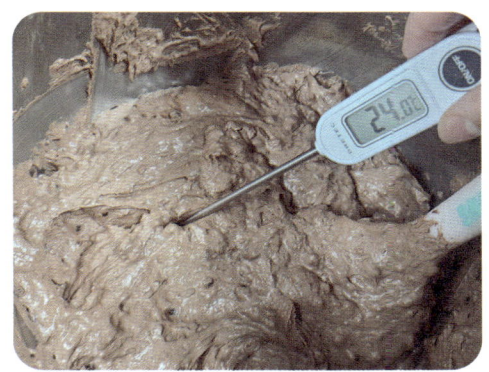

7 초코칩을 혼합한다(반죽온도 24℃). (기계 사용 시, 저속으로 혼합 가능 하며, 기계 사용이 끝난 후엔 휘퍼를 빼고 주걱으로 바닥까지 긁으며 반죽을 저어준다.)

8 머핀컵 속에 속지를 깔고(믹싱 도중 준비가능) 깍지 없는 짤주머니에 반죽을 넣어 70% 팬닝한다(감독위원의 지시에 따라 20개를 맞춰야 할 경우 70% 팬닝, 24개를 맞춰야 할 경우 60~65% 팬닝하며, 처음부터 양을 맞추려 하기 보다는 대략적으로 맞춘 후, 남은 반죽을 모자란 부분에 채워 넣으면 편하다.).

9 윗불 180℃, 아랫불 160℃에서 25분 전후로 굽기를 한다(초코 색상으로 인하여 익었는지 보기가 어렵다. 손으로 두드려 봤을 때 탄력이 느껴지면 굽기 완료이다. 이쑤시개로 찔러봤을 때 아무것도 묻어 있지 않아도 굽기가 다 되었다고 볼 수 있으나, 이 제품은 초코칩이 있기 때문에 이쑤시개 확인은 어렵다.).

🔟 냉각팬 위에 위생지를 깔고, 컵을 뒤집어 머핀을 꺼내 제출한다.

✎ **제품 평가**

1. 팬닝양이 모두 일정하게 나와야 한다.
2. 윗면이 터지고 속지 부분 위로 봉긋하게 올라오는 정도의 부피가 적당하다.

⁉️ 많이 하는 질문 BEST

Q 윗면에 갈라짐이 없어요.

A 팬닝양이 너무 적거나, 오븐 온도가 너무 낮을 경우에 갈라짐이 없습니다.

Q 초코칩을 윗면에도 뿌려야 하나요?

A 윗면에 뿌려도 상관없으나, 반죽에 다 넣어도 오븐스프링에 의해 윗면에 초코칩이 자연스럽게 나옵니다.

타르트 – 크림법

아몬드 파우더가 들어간 고소한 타르트이다.

🕐 시험 시간 : 2시간 20분

✎ 요구사항

타르트를 제조하여 제출하시오.

1. 배합표의 반죽용 재료를 계량하여 재료별로 진열하시오(5분) (충전물·토핑 등의 재료는 휴지시간을 활용하시오.).

- 재료계량(재료당 1분)→[감독위원 계량확인]→작품제조 및 정리정돈(전체시험시간-재료계량시간)
- 재료계량 시간 내에 계량을 완료하지 못하여 시간이 초과된 경우 및 계량을 잘못한 경우는 추가의 시간 부여 없이 작품제조 및 정리정돈 시간을 활용하여 요구사항의 무게대로 계량
- 달걀의 계량은 감독위원이 지정하는 개수로 계량

2. 반죽은 크림법으로 제조하시오.
3. 반죽온도는 20℃를 표준으로 하시오.
4. 반죽은 냉장고에서 20~30분 정도 휴지하시오.
5. 두께 3mm 정도로 밀어펴서 팬에 맞게 성형하시오.
6. 아몬드크림을 제조해서 팬(ø10~12cm) 용적의 60~70% 정도 충전하시오.
7. 아몬드슬라이스를 윗면에 고르게 장식하시오.
8. 8개를 성형하시오.
9. 광택제로 제품을 완성하시오.

배합표(반죽)		
비율(%)	재료명	무게(g)
100	박력분	400
25	달걀	100
26	설탕	104
40	버터	160
0.5	소금	2
191.5	계	766

충전물		
비율(%)	재료명	무게(g)
100	아몬드분말	250
90	설탕	226
100	버터	250
65	달걀	162
12	브랜디	30
367	계	918

광택제 및 토핑		
66.6	아몬드 슬라이스	100

비율(%)	재료명	무게(g)
100	에프리코트혼당	150
40	물	60
140	계	210

✎ 재료 계량 후, 이 것부터 준비합시다!

오븐 예열(上170 下190), 가루체질(박력분)

1 버터를 부드럽게 풀어준다(고속 믹싱, 이 작업을 잘해주지 않으면, 다음 작업 시간이 오래 걸린다. 딱딱한 버터는 주걱으로 으깨거나 저속 또는 중속 믹싱 후 고속으로 믹싱한다.).

2 설탕, 소금을 넣어 크림상태로 만든다(고속 믹싱, 실내가 추울 경우에 2~3회 나누어 넣으던 더 빨리 크림상태를 만들 수 있으며, 양이 많아지고, 색상이 밝아지고, 부드러운 느낌이 들 때까지 믹싱한다.).

3 달걀을 한 알 또는 두 알씩 넣어 설탕 입자가 60% 용해된 부드러운 크림을 만든다(고속 믹싱, 달걀이 버터와 분리되지 않도록 노른자부터 넣어주거나, 달걀을 풀어서 넣을 경우에는 일정한 양을 일정한 간격에 맞추어 넣는다.).

4 믹싱 도중 벽에 붙어 있는 반죽들도 잘 섞일 수 있도록 벽면을 자주 긁어주며(스크래핑) 대끄러운 크림 상태로 만든다.

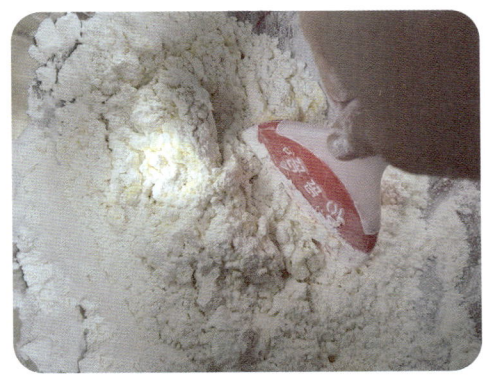

5 체 친 가루를 넣어 주걱으로 자르듯이 일자 혼합한다(글루텐 형성을 최소화하기 위함).

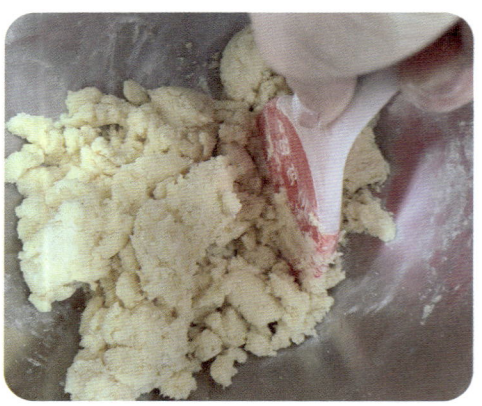

6 날가루가 보이지 않으면 비닐에 옮겨 손으로 살짝 치대어 납작한 사각모양을 만든 후, 냉장고에서 20~30분 정도 휴지시킨다(반죽온도 20℃).

7 휴지시키는 동안 충전물을 만들어야 하므로 계량 후, 버터를 풀어준다.

8 위와 같은 방법으로 설탕을 넣고 크림상태를 만든다.

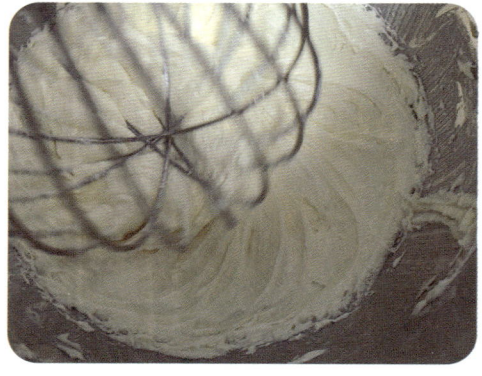

9 위와 같은 방법으로 달걀을 나누어 투입하여 믹싱하여 설탕 입자가 60% 용해된 부드러운 크림을 만든다.

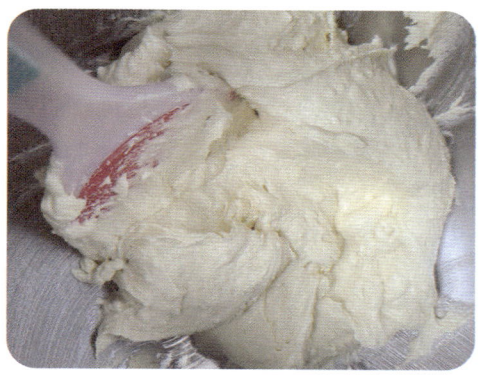

10 체 친 아몬드 분말을 넣어 주걱으로 자르듯이 섞어준 후, 브랜디를 넣어 마무리 한다.

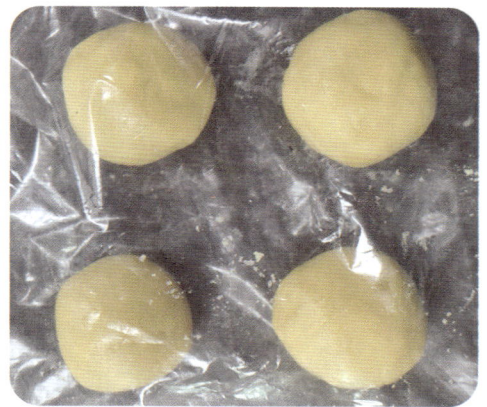

11 휴지가 다 된 반죽을 저울에 올려 똑같이 8등분 한 후, 덧가루 없이 살짝 치대어, 밀대를 이용하여 두께 0.3cm인 원형 밀어펴기를 한다(타르트 틀을 올려보았을 때, 양가로 2cm 정도 남으면 거의 알맞음).

12 틀에 얹은 후, 모양을 잡아주고, 스크래퍼를 이용하여 가장자리를 정리한다(코팅이 벗겨진 틀은 쇼트닝칠을 한다.).

🔢 **포크로 바닥에 구멍**을 낸다.

🔢 원형깍지를 끼운 짤주머니에 아몬드 반죽을 담아 원형으로 평평하게 60~70% 정도 팬닝한다.

🔢 윗면에 아몬드 슬라이스를 뿌린다(웬만하면 깨지지 않고 예쁜 아몬드 슬라이스를 올려주고, 가장자리쪽에 아몬드 슬라이스를 얹게 되면 구웠을 때, 모양이 이쁘지가 않으므로 가장자리는 피한다.).

16 철판 위에 타르트틀을 올려 윗불 170℃, 아랫불 190℃에서 20분 전후로 굽기를 한다(굽다가 타르트 반죽 색은 연한데 충전물 반죽 색은 진할 경우, 윗불을 더 낮추고, 아랫불을 살짝 높여 타르트 반죽에 색을 내어주면, 구웠을 때, 바닥이 깨지는 것을 방지한다.).

17 굽는 도중 광택제를 제조하여야 하므로, 애프리코트혼당과 물을 넣어 혼합한 후, 불 위에서 끓여준 다(불꽃이 너무 세면 스텐볼의 가장자리가 탈 수 있으므로 불꽃은 약하게 하여 끓여준다.).

18 틀에서 제거 후, 붓으로 윗면에 광택제를 바른다(사용 시 뜨거워야 얇고 매끈하게 잘 발리므로 사용 직전에 식었으면 한 번 더 끓여서 사용한다.).

19 냉각팬 위에 위생지를 깔고 제출한다.

✎ 제품 평가

1. 충전물과 타르트 반죽의 색상은 심하게 대비되지 않고 고르게 색상이 나야 한다.
2. 바닥이 평평하고, 으스러지지 않아야 한다.
3. 아몬드 슬라이스가 겹치지 않고 올라가 있으며, 광택제가 얇게 잘 발려야 한다.

⁉ 많이 하는 질문 BEST

Q 구운 후, 바닥이 움푹 파여있어요.

A 포크 구멍을 제대로 내지 않았거나, 밀어펴기 시, 바닥이 두꺼웠을 때 생기는 현상입니다.

Q 충전물 부분이 부풀면서 터졌어요.

A 양을 너무 많이 넣었거나, 크림화를 오래시켰을 경우 반죽이 가벼워지면서 과하게 부풉니다. 크림화는 설탕 용해 60% 정도가 좋습니다.

파운드 케이크 - 크림법

밀가루, 설탕, 유지, 달걀을 각 1파운드씩 넣어 만들었다고 하여 파운드 케이크이다.

🕑 시험 시간 : 2시간 30분

✎ 요구사항

파운드 케이크를 제조하여 제출하시오.

1. 배합표의 각 재료를 계량하여 재료별로 진열하시오(9분).

- 재료계량(재료당 1분)→[감독위원 계량확인]→작품제조 및 정리정돈(전체시험시간-재료계량시간)
- 재료계량 시간 내에 계량을 완료하지 못하여 시간이 초과된 경우 및 계량을 잘못한 경우는 추가의 시간 부여 없이 작품제조 및 정리정돈 시간을 활용하여 요구사항의 무게대로 계량
- 달걀의 계량은 감독위원이 지정하는 개수로 계량

2. 반죽은 크림법으로 제조하시오.
3. 반죽온도는 23℃를 표준으로 하시오.
4. 반죽의 비중을 측정하시오.
5. 윗면을 터뜨리는 제품을 만드시오.
6. 반죽은 전량을 사용하여 성형하시오.

비율(%)	재료명	무게(g)
100	박력분	800
80	설탕	640
80	버터	640
2	유화제	16
1	소금	8
2	탈지분유	16
0.5	바닐라향	4
2	베이킹파우더	16
80	달걀	640
347.5	계	2,780

✎ 재료 계량 후, 이 것부터 준비합시다!

오븐 예열(上190 下170), 가루체질(박력분, B.P, 탈지분유, 바닐라향), 틀준비(믹싱 시간에 준비하면 시간을 단축할 수 있음)

1 버터를 부드럽게 풀어준다(고속 믹싱, 이 작업을 잘해주지 않으면, 다음 작업 시간이 오래 걸린다.).

2 설탕, 소금, 유화제를 넣어 크림상태로 만든다(고속 믹싱, 실내가 추울 경우에 2~3회 나누어 넣으면 더 빨리 크림상태를 만들 수 있으며, 양이 많아지고, 색상이 밝아지고, 부드러운 느낌이 들 때까지 믹싱한다.).

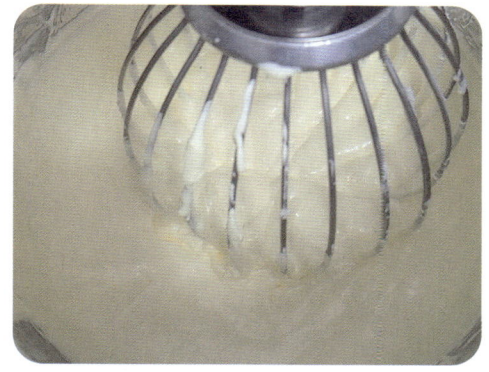

❸ 달걀을 한 알 또는 두 알씩 넣어 100% 용해된 부드러운 크림을 만든다(고속 믹싱, 달걀이 버터와 분리되지 않도록 노른자부터 넣어주거나, 달걀을 풀어서 넣을 경우에는 일정한 양을 일정한 간격에 맞추어 넣는다.).

❹ 믹싱 도중 벽에 붙어 있는 반죽들도 잘 섞일 수 있도록 벽면을 자주 긁어주며(스크래핑) 매끄러운 크림 상태로 만든다.

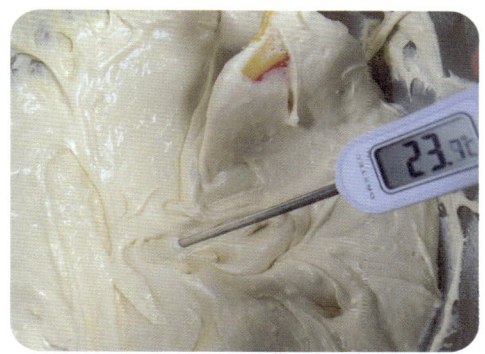

❺ 체 친 가루를 넣어 고무주걱으로 위에서 아래로 털어내듯 혼합한다(반죽온도 23℃, 비 중 0.85±0.05, 기계 사용 시, 저속→중속으로 혼합가능 하며, 벽면을 긁어준다. 기계 사용이 끝난 후엔 휘퍼를 빼고 주걱으로 바닥까지 긁으며 반죽을 저어준다.).

❻ 주걱 두 개를 사용하여 팬닝하거나, 짤주머니에 반죽을 담아 70% 팬닝한다(양을 맞추기 힘들 경우, 틀을 저울에 올려 영점을 맞추고, 640~650g 정도 팬닝하면 거의 알맞다.).

7 고무주걱을 이용하여 가운데 U자 모양을 만든다.

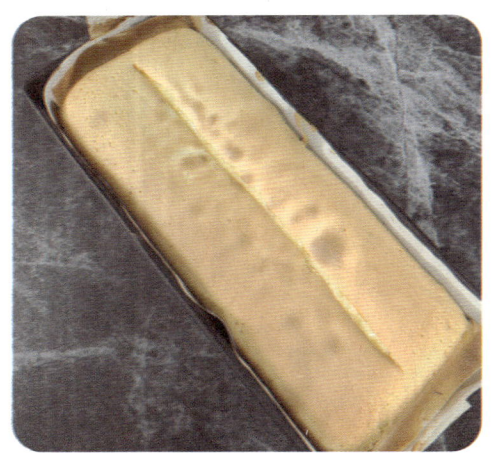 

8 윗불 190℃, 아랫불 170℃에서 윗면이 연갈색이 날 때까지 구운 후, 조심스럽게 꺼내어 윗면에 스패튤라를 이용하여 가운데를 일자로 톱질하듯이 자르고, 윗불 170℃, 아랫불 170℃으로 바꾸어 총 35~40분간 굽는다(제품 하나 자를 때마다, 스패튤라를 젖은 행주에 닦아가며 깨끗한 상태로 자르는 것이 예쁘게 나오며, 윗면 터진 부분의 색이 노릇해질 때까지 굽기 한다.).

9 펀칭하여 수분을 날린 후 틀에서 즉시 제거하고, 냉각팬 위에 위생지를 깔고 제출한다.

✎ 제품 평가

1. 진한 느낌의 갈색이며, 터진 부분은 노릇노릇 한 색상이다.
2. 네 개의 부피가 일정하게 올라오고, 터지는 부분도 과하지 않게 터져야 한다.
3. 냉각 중에 쉽게 찌그러지지 않아야 한다.

!? 많이 하는 질문 BEST

Q 윗면에 칼집 낼 때, 반죽이 뜯어지면서 일자로 내기가 어렵습니다.

A 윗면에 색이 너무 연할 경우 칼집이 잘 나지 않습니다. 윗면 색을 조금 더 내주세요.

Q 비중이 자꾸 높게 나오는데 이유가 무엇일까요?

A 믹싱이 부족한 것 같습니다. 유화제가 있다고 하더라도 충분히 믹싱 해 주세요. 그리고 가루 넣고 너무 오랫동안 혼합하지 않는 것이 좋습니다.

Q 냉각 중에 자꾸 찌그러지는 이유가 무엇일까요?

A 옆면에 색이 연해서 그렇습니다. 옆면까지 색이 잘 날 수 있도록 구워주세요.

Q 이중팬을 사용할 땐 어떻게 구워야 할까요?

A 처음에 윗불을 조금 더 세게 하고 칼집낸 후, 팬을 덮어 주시면 됩니다. 그 외에는 위와 동일합니다.

과일 케이크 – 복합형(크림법+머랭)

크림법과 머랭이 혼합된 방식으로 여러 가지 과일을 넣어 만든 케이크이다.

⏱ 시험 시간 : 2시간 30분

요구사항

과일케이크를 제조하여 제출하시오.

1. 배합표의 각 재료를 계량하여 재료별로 진열하시오(13분).

- 재료계량(재료당 1분)→[감독위원 계량확인]→작품제조 및 정리정돈(전체시험시간-재료계량시간)
- 재료계량 시간 내에 계량을 완료하지 못하여 시간이 초과된 경우 및 계량을 잘못한 경우는 추가의 시간 부여 없이 작품제조 및 정리정돈 시간을 활용하여 요구사항의 무게대로 계량
- 달걀의 계량은 감독위원이 지정하는 개수로 계량

2. 반죽은 별립법으로 제조하시오.
3. 반죽온도는 23℃를 표준으로 하시오.
4. 제시한 팬에 알맞도록 분할하시오.
5. 반죽은 전량을 사용하여 성형하시오.

비율(%)	재료명	무게(g)
100	박력분	500
90	설탕	450
55	마가린	275(276)
100	달걀	500
18	우유	90
1	베이킹파우더	5(4)
1.5	소금	7.5(8)
15	건포도	75(76)
30	체리	150
20	호두	100
13	오렌지필	65(66)
16	럼주	80
0.4	바닐라향	2
459.9	계	2,299.5 (2,300~ 2,302)

재료 계량 후, 이 것부터 준비합시다!

오븐 예열(上180 下160), 가루체질(박력분, B.P. 바닐라향), 틀준비, 흰자와 노른자 분리, 체리는 4등분으로 잘라 건포도와 호두, 오렌지필과 함께 럼주에 담가 비닐을 덮어 전처리, 설탕 반반 나누어 놓기

1 마가린을 부드럽게 풀어준다(손 믹싱, 이 작업을 잘해주지 않으면, 다음 작업 시간이 오래 걸린다.).

2 설탕(50%), 소금을 넣어 크림상태로 만든다(손 믹싱이므로 2~3회 나누어 넣으면 덜 힘들고, 더 빨리 크림상태를 만들 수 있으며, 양이 많아지고, 색상이 밝아지고, 부드러운 느낌이 들 때까지 믹싱한다.).

3 노른자를 2~3회 나누어 투입하여 100% 용해된 부드러운 크림을 만든다(노른자에는 천연유화성분인 레시틴이 들어있기 때문에 분리가 잘 나지 않으며, 진한 노란색에서 연한 노란색의 크림이 될 때까지 믹싱한다.).

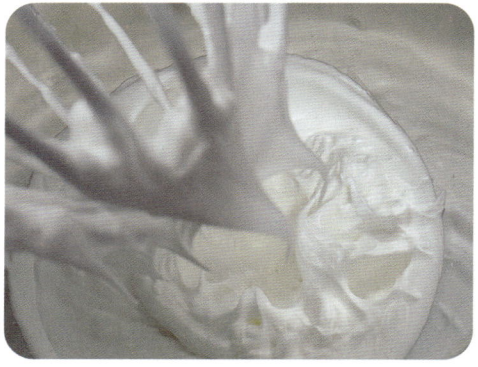

4 흰자는 60% 휘핑 후, 설탕(50%)을 3회가량 나누어 투입하여 중간피크(80~90%) 상태의 머랭을 제조한다(고속 믹싱).

5 머랭 1/2~1/3을 노른자 반죽에 넣어 주걱으로 80% 혼합한다.

6 체 친 가루재료를 넣어 고무주걱으로 위아래로 저으며 혼합하고, 80% 혼합 되었을 때, 우유를 넣고 혼합한다.

7 전처리한 과일들과 럼주를 모두 넣어 혼합하고, 나머지 머랭을 다 넣고 혼합하여 마무리 한다(반죽 온도 23℃, 럼주에 담가 전처리한 과일은 혼합 시, 바닥에 가라앉지 않도록 다시 밀가루에 버무려 코팅을 할 수 있으나 생략가능하다.).

8 틀에 70% 팬닝한다(보통 3호 원형팬 기준 3개, 파운드 틀 기준 4개 정도의 양이 나오나, 감독위원의 지시에 따라 달라질 수 있음).

9 파운드 틀일 경우에는 고무주걱으로 가운데 U자모양을 만들어 준다.

10 윗불 180℃, 아랫불 160℃에서 35분 전후로 굽기를 한다(손으로 두드려 봤을 때 탄력이 느껴지면 굽기 완료이다. 이쑤시개로 찔러봤을 때 아무것도 묻어있지 않아도 굽기가 다 되었다고 볼 수 있다.).

✎ 제품 평가

1. 팬닝 양이 일정하고, 색상이 고르게 나야 한다.
2. 내부는 과일들이 가라앉지 않아야 한다.
3. 파운드 틀 팬닝 시 윗면이 일정하고 예쁘게 터져야 한다.

> **⁉ 많이 하는 질문 BEST**
>
> **Q** 윗면이 울퉁불퉁한건 왜 그런걸까요?
>
> **A** 과일들이 많기 때문에 윗면이 고르지 못한건 당연합니다. 그러나 기포들로 인해 너무 심하게 울퉁불퉁 하지 않도록 빨리 팬닝하셔서 오븐에 넣는 것이 좋습니다.

치즈 케이크 - 복합형(크림법＋머랭)

레몬향이 어우러진 치즈 케이크로 중탕으로 굽기를 하는 제품이다.

🕐 시험 시간 : 2시간 30분

✎ 요구사항

치즈 케이크를 제조하여 제출하시오.

1. 배합표의 각 재료를 계량하여 재료별로 진열하시오(9분).

> • 재료계량(재료당 1분)→[감독위원 계량확인]→작품제조 및 정리정돈(전체시험시간 - 재료계량시간)
> • 재료계량 시간 내에 계량을 완료하지 못하여 시간이 초과된 경우 및 계량을 잘못한 경우는 추가의 시간 부여 없이 작품제조 및 정리정돈 시간을 활용하여 요구사항의 무게대로 계량
> • 달걀의 계량은 감독위원이 지정하는 개수로 계량

2. 반죽은 별립법으로 제조하시오.
3. 반죽온도는 20℃를 표준으로 하시오.
4. 반죽의 비중을 측정하시오.
5. 제시한 팬에 알맞도록 분할하시오.
6. 굽기는 중탕으로 하시오.
7. 반죽은 전량을 사용하시오.
※ 감독위원은 시험 전 주어진 팬을 감안하여 팬의 개수를 지정하여 공지한다.

비율(%)	재료명	무게(g)
100	중력분	80
100	버터	80
100	설탕(A)	80
100	설탕(B)	80
300	달걀	240
500	크림치즈	400
162.5	우유	130
12.5	럼주	10
25	레몬주스	20
1,400	계	1,120

✎ 재료 계량 후, 이 것부터 준비합시다!

오븐 예열(上150 下150), 가루체질(중력분), 틀준비(틀에 버터와 설탕 바르기), 흰자와 노른자 분리,

1 크림치즈를 풀어준 후 버터를 넣어 덩어리 없이 부드럽게 풀어준다(손 믹싱, 버터가 차갑거나 딱딱할 경우, 그대로 넣으면 덩어리가 생기기 때문에 따로 풀어서 부드러워진 크림치즈에 넣어준다.).

2 설탕A를 넣어 혼합한다(크림화를 시키는 작업이 아니므로 어느 정도 혼합하면 마무리한다.).

3 노른자를 투입하여 혼합한다(비중이 낮은 제품이 아니기 때문에 설탕을 완전히 녹일 필요는 없다.).

4 우유, 럼주, 레몬주스를 차례대로 넣어 노른자 반죽을 완성한다(우유가 차가우면 분리가 날 수 있으므로, 따뜻한 물을 받쳐 찬기를 제거한다.).

5 흰자는 60% 휘핑 후, 설탕B를 3회가량 나누어 투입하여 젖은 피크와 중간 피크의 중간상태의 머랭 (70~80%)을 제조한다(기계를 사용하여도 무방하나, 양이 많지 않으므로 기계가 돌아가지 않을 수 있다.).

6 머랭 1/2~1/3을 노른자 반죽에 넣어 주걱으로 80% 혼합한다.

7 체 친 가루재료를 넣어 고무주걱으로 위아래로 저으며 덩어리가 없을 때까지 혼합한다(거품기를 사용하여 덩어리를 풀어주어도 상관 없으나 너무 많이 혼합 시 비중이 금방 높아질 수 있으므로 주의한다.).

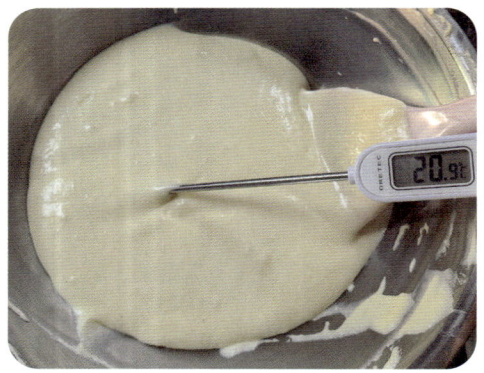

8 나머지 머랭을 다 넣어 혼합한다(반죽온도 20℃, 비중 0.75±0.05).

⑨ 틀에 80% 팬닝한다(작은 스텐볼 또는 짤주머니 이용하여 팬닝).

⑩ 철판의 1/4 정도의 따뜻 미지근한 물을 넣고, 윗불 150℃, 아랫불 150℃에서 45분 전후로 중탕 굽기를 한다(굽는 도중에 윗면이 너무 많이 부풀거나, 수증기가 꽉 차있으면 한 번씩 오븐을 5~10초가량 열어 수증기를 빼주어 윗면이 깨지는 것을 방지한다.).

⑪ 틀에서 제거하여, 냉각팬 위에 위생지를 깔고, 제출한다.

✎ 제품 평가

1. 팬닝양이 일정하고, 윗면이 매끈해야 한다.
2. 많이 주저앉지 않아야 한다.

⁉️ 많이 하는 질문 BEST

Q 윗면이 갈라졌어요.

A 윗면이 갈라진 원인은 여러 가지가 있습니다. 머랭을 너무 과하게 올렸거나, 비중이 낮았거나, 팬닝양이 많았거나, 굽기 시 중탕할 물이 너무 뜨거울 경우에 윗면이 갈라지므로 주의하여야 합니다.

버터 스펀지 케이크(공립법) - 공립법

거품형 케이크로 전란을 사용하여 녹인 버터를 넣어 만든 케이크이다.

⏱ 시험 시간:1시간 50분

✎ 요구사항

버터스펀지 케이크(공립법)를 제조하여 제출하시오.

비율(%)	재료명	무게(g)
100	박력분	500
120	설탕	600
180	달걀	900
1	소금	5(4)
0.5	바닐라향	2.5(2)
20	버터	100
421.5	계	2,107.5 (2,106)

1. 배합표의 각 재료를 계량하여 재료별로 진열하시오(6분).

- 재료계량(재료당 1분)→[감독위원 계량확인]→작품제조 및 정리정돈(전체시험시간-재료계량시간)
- 재료계량 시간 내에 계량을 완료하지 못하여 시간이 초과된 경우 및 계량을 잘못한 경우는 추가의 시간 부여 없이 작품제조 및 정리정돈 시간을 활용하여 요구사항의 무게대로 계량
- 달걀의 계량은 감독위원이 지정하는 개수로 계량

2. 반죽은 공립법으로 제조하시오.
3. 반죽온도는 25℃를 표준으로 하시오.
4. 반죽의 비중을 측정하시오.
5. 제시한 팬에 알맞도록 분할하시오.
6. 반죽은 전량을 사용하여 성형하시오.

✎ 재료 계량 후, 이 것부터 준비합시다!

오븐 예열(上180 下160), 가루체질(박력분, 바닐라향), 틀준비, 버터 중탕 용해(50℃)

1 스텐볼에 달걀을 풀어준 후, 설탕과 소금을 넣고 거품기로 혼합하여 따뜻한 물을 받쳐 중탕으로 설탕을 녹인다(이 때 중탕 온도는 43℃).

2 믹서볼에 옮겨 고속으로 휘핑한다(아이보리 색상, 양이 많아지고, 휘퍼 자국이 3~5초 유지).

3 저속으로 30초 정도 돌려 기공을 안정화 시킨다(과믹싱 시, 30초에서 1분가량 돌려 안정화 작업을 한다.).

4 작업대로 가져와 체질한 가루 재료를 넣고, 손 또는 스크래퍼 및 고무주걱을 이용하여 위에서 아래로 털어주듯 혼합한다(가루가 뭉치지 않도록 볼을 돌려가며, 바닥과 옆면을 긁으면서 빠르고 정확하게 작업한다. 이 작업을 오랫동안 할 경우 비중이 높아지므로 주의한다.).

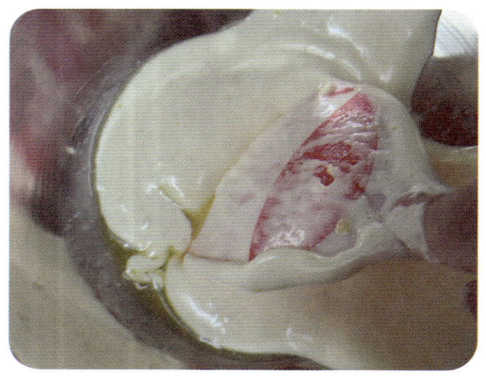
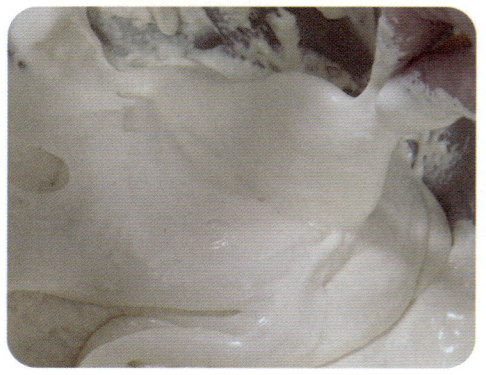

5 일부 반죽을 중탕한 버터에 넣어 혼합한 후, 다시 본반죽에 넣어 혼합한다(반죽온도 25℃, 비중 0.5 ±0.05, 이중혼합을 제대로 하지 않으면 본반죽에서도 잘 섞이지 않기 때문에 확실히 혼합한다.).

6 3호 원형팬 4개에 50~60% 팬닝한다(팬닝 후, 남은 반죽은 비중이 높아진 반죽이므로 처음과 두 번 째 팬닝한 반죽에는 덧 붓지 않도록 하며, 거품형 반죽은 웬만하면 처음부터 팬닝양을 맞춰주는 것이 좋다.).

7 고무주걱으로 윗면을 평평하게 정리한 후, 펀칭하여 일정한 기포를 형성하게 한다.

8 윗불 180℃, 아랫불 160℃에서 30분 전후로 굽기를 한다(손으로 두드려 봤을 때 탄력이 느껴지면 굽 기 완료이다. 속이 출렁거리거나, 서걱거리는 소리 또는 손가락 자국이 그대로 난다면 조금 더 구워 준 다.).

9 펀칭하여 수분을 날린 후, 틀에서 즉시 제거하고, 냉각팬 위에 위생지를 깔고, 제출한다.

✎ 제품 평가

1. 팬닝 양이 일정하고, 황토빛 갈색으로 색상이 고르게 나야 한다.
2. 내부의 기공은 거칠어야 한다.

⁉ 많이 하는 질문 BEST

Q 비중에 따라서 팬닝 양이 다른가요?

A 네. 0.45를 맞추셨다면 팬닝양은 60%가 될 것이고, 0.55를 맞추셨다면 팬닝양은 50%가 될 겁니다. 또한 처음 팬닝한 반죽의 비중과 마지막에 팬닝한 반죽의 비중이 다릅니다. 첫 반죽은 가벼울 것이고, 밑에 있는 반죽은 조금 더 무겁기 때문에 부피 차이가 조금은 있습니다.

Q 굽고 났더니 가장자리가 쭈글쭈글 합니다.

A 구운 직후 바로 펀칭하시고 틀에서 제거하셔야 합니다. 틀에서 바로 제거하지 않으면 가장자리가 수축이 일어나 쭈글쭈글 해집니다.

젤리 롤 케이크 – 공립법

거품형 케이크로 평철판에 펼쳐 구운 후, 잼이나 크림을 발라 말아서 만든 롤케이크이다.

시험 시간:1시간 30분

✎ 요구사항

젤리롤 케이크를 제조하여 제출하시오.

1. 배합표의 각 재료를 계량하여 재료별로 진열하시오(8분).

   • 재료계량(재료당 1분)→[감독위원 계량확인]→작품제조 및 정리정돈(전체시험시간－재료계량시간)
   • 재료계량 시간 내에 계량을 완료하지 못하여 시간이 초과된 경우 및 계량을 잘못한 경우는 추가의 시간 부여 없이 작품제조 및 정리정돈 시간을 활용하여 요구사항의 무게대로 계량
   • 달걀의 계량은 감독위원이 지정하는 개수로 계량

2. 반죽은 공립법으로 제조하시오.
3. 반죽온도는 23℃를 표준으로 하시오.
4. 반죽의 비중을 측정하시오.
5. 제시한 팬에 알맞도록 분할하시오.
6. 반죽은 전량을 사용하여 성형하시오.
7. 캐러멜 색소를 이용하여 무늬를 완성하시오(무늬를 완성하지 않으면 제품 껍질 평가 0점 처리).

비율(%)	재료명	무게(g)
100	박력분	400
130	설탕	520
170	달걀	680
2	소금	8
8	물엿	32
0.5	베이킹파우더	2
20	우유	80
1	바닐라향	4
431.5	계	1,726
✓ 충전용 재료는 계량시간에서 제외		
50	잼	200

✎ 재료 계량 후, 이 것부터 준비합시다!

오븐 예열(上180 下160), 가루체질(박력분, B.P, 바닐라향), 틀 준비

1 스텐볼에 달걀을 풀어준 후, 설탕과 소금, 물엿을 넣고 거품기로 혼합하여 따뜻한 물을 받쳐 중탕으로 설탕을 녹인다(이 때 중탕 온도는 43℃).

2 믹서볼에 옮겨 고속으로 휘핑한다(아이보리 색상, 양이 많아지고, 휘퍼 자국이 3~5초 유지).

3 저속으로 30초 정도 돌려 기공을 안정화 시킨다(과믹싱 시, 30초에서 1분가량 돌려 안정화 작업을 한다.).

4 작업대로 가져와 체질한 가루 재료를 넣고, 손 또는 스크래퍼 및 고무주걱을 이용하여 위에서 아래로 털어주듯 혼합한다(가루가 뭉치지 않도록 볼을 돌려가며, 바닥과 옆면을 긁으면서 빠르고 정확하게 작업한다. 이 작업을 오랫동안 할 경우 비중이 높아지므로 주의한다.).

5 우유를 가볍게 혼합한다(반죽온도 23℃, 비중 0.5±0.05, 우유를 넣고 오랫동안 혼합하지 않으며, 너무 차가울 경우 따뜻한 물을 받쳐 찬기를 빼준다.).

6 비중 측정한 반죽은 작은 스텐볼에 옮겨 캐러멜 색소를 넣어 진한 갈색을 만든다(최대한 가벼운 반죽일 때 사용해야 모양을 낸 후, 무늬가 바닥으로 가라앉지 않는다.).

7 비중을 맞춘 반죽은 평철판에 부어 고무주걱 및 스크래퍼로 윗면을 평평하게 정리한 후 작업대 위에서 펀칭을 하여 일정한 기포를 형성하게 한다.

8 비닐 짤주머니 또는 위생지로 만든 짤주머니에 **6**번의 반죽을 담아 앞부분을 0.5cm로 자른 후, 3cm 간격으로 짜준다.

⑨ 젓가락 또는 온도계 끝을 이용하여 4cm 간격을 만든다(젓가락 끝이 바닥에 닿지 않도록 주의하며, 완성 후, 펀칭하지 않는다.).

⑩ 윗불 180℃, 아랫불 160℃에서 25분 전후로 굽기를 한다(손으로 두드려 봤을 때 탄력이 느껴지면 굽기 완료이다. 속이 출렁거리거나, 서걱거리는 소리 또는 손가락 자국이 그대로 난다면 조금 더 구워 준다. 색상을 제대로 내지 않으면 면보나 유산지 위에 뒤집었을 때, 윗면이 다 뜯어지므로 주의한다.).

⑪ 굽는 동안, 물에 적신 면포 또는 기름칠한 유산지(말기 직전에 준비), 긴 밀대, 잼과 스크래퍼, 분무기를 준비한다.

⑫ 다 구워진 반죽은 펀칭하여 수분을 날린 후, 틀에서 즉시 제거하여 냉각팬으로 옮겨 살짝 식혀준다.

⑬ 반죽을 뒤집어 물분무를 하여 유산지를 제거하고, 말기 시작하는 앞부분에 말기 편할 수 있도록 스크래퍼로 두 줄 정도 1cm 간격으로 눌러준다.

⑭ 잼을 올려 고무주걱 또는 스크래퍼 및 스패튤라로 스크래퍼 두 줄 낸 자리를 제외하고 골고루 바른다.

15 긴 밀대를 이용하여 앞부분을 살짝 눌러준 후 말기를 하고, 말기가 끝나면 잠시 동안 고정하 둔다.

16 면포 또는 유산지를 제거한다.

17 냉각팬에 위생지를 깔고, 제출한다.

✎ 제품 평가

1. 말기 후, 표면이 터지지 않아야 한다.
2. 공간이 뜨지 않도록 잘 말아야 한다.
3. 무늬가 선명하고 일정해야 한다.

⁉ 많이 하는 질문 BEST

Q 무늬를 분명 두껍게 짰는데, 굽고 났더니 무늬가 얇아졌어요.

A 캐러멜 색소를 섞을 때, 너무 오랫동안 섞으면 비중이 높아져서 무늬를 내고 반죽 속으로 가라앉습니다-. 그래서 캐러멜 색소를 섞을 반죽은 가벼운 반죽 또는 처음 비중을 측정했던 반죽으로 하시는게 좋습니다.

Q 세게 말지 않았는데 왜 표면이 터졌을까요?

A 비중이 너무 높았거나, 오븐에서 너무 오래 구웠을 경우, 그리고 냉각을 너무 오래하게 되면 표면이 잘 터질 수 있습니다. 그렇다고 너무 뜨거울 때 말게 되면 부피가 작아질 수 있으므로 적당한 냉각이 필요합니다.

Q 잘 말았는 것 같은데 왜 공간이 떴을까요?

A 팬닝 시, 두께가 일정하지 않아도 공간이 뜰 수 있습니다. 두께를 잘 맞춰서 팬닝해 주세요.

초코 롤 케이크 – 공립법

거품형 케이크로 평철판에 펼쳐 구운 후, 가나슈 크림을 발라 말아서 만든 롤케이크이다.

시험 시간 : 1시간 50분

✎ 요구사항

초코롤케이크를 제조하여 제출하시오.

1. 배합표의 각 재료를 계량하여 재료별로 진열하시오(7분).

   - 재료계량(재료당 1분) → [감독위원 계량확인] → 작품제조 및 정리정돈(전체시험시간 - 재료계량시간)
   - 재료계량 시간 내에 계량을 완료하지 못하여 시간이 초과된 경우 및 계량을 잘못한 경우는 추가의 시간 부여 없이 작품제조 및 정리정돈 시간을 활용하여 요구사항의 무게대로 계량
   - 달걀의 계량은 감독위원이 지정하는 개수로 계량

2. 반죽은 공립법으로 제조하시오.
3. 반죽온도는 24℃를 표준으로 하시오.
4. 반죽의 비중을 측정하시오.
5. 제시한 철판에 알맞도록 패닝하시오.
6. 반죽은 전량을 사용하시오.
7. 충전용 재료는 가나슈를 만들어 제품에 전량 사용하시오.
8. 시트를 구운 윗면에 가나슈를 바르고, 원형이 잘 유지되도록 말아 제품을 완성하시오(반대 방향으로 롤을 말면 성형 및 제품 평가 해당항목 감점).

비율(%)	재료명	무게(g)
100	박력분	168
285	달걀	480
128	설탕	216
21	코코아파우더	36
1	베이킹소다	2
7	물	12
17	우유	30
559	계	944
✓ 충전용 재료는 계량시간에서 제외		
119	다크커버츄어	200
119	생크림	200
12	럼	20

✎ 재료 계량 후, 이 것부터 준비합시다!

오븐 예열(上180 下160), 가루체질(박력분, 코코아파우더, B.S), 틀 준비

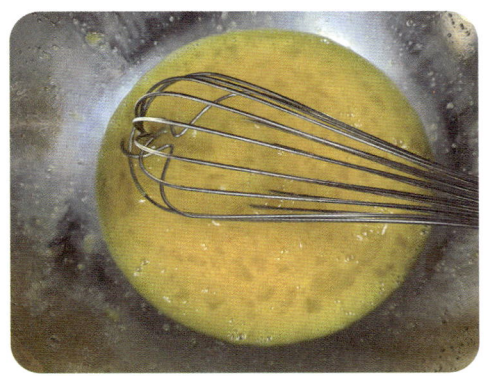

❶ 스텐볼에 달걀을 풀어준 후, 설탕과 소금을 넣고 거품기로 혼합하여 따뜻한 물을 받쳐 중탕으로 설탕을 녹인다(이 때 중탕 온도는 43℃).

2 믹서볼에 옮겨 고속으로 휘핑한다(아이보리 색상, 양이 많아지고, 휘퍼 자국이 3~5초 유지).

3 저속으로 30초 정도 돌려 기공을 안정화 시킨다(과믹싱 시, 30초에서 1분가량 돌려 안정화 작업을 한다.).

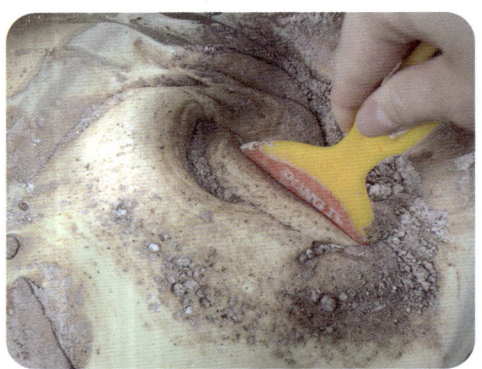

4 작업대로 가져와 체질한 가루 재료를 넣고, 손 또는 스크래퍼 및 고무주걱을 이용하여 위에서 아래로 털어주듯 혼합한다(가루가 뭉치지 않도록 볼을 돌려가며, 바닥과 옆면을 긁으면서 빠르고 정확하게 작업한다. 이 작업을 오랫동안 할 경우 비중이 높아지므로 주의한다.).

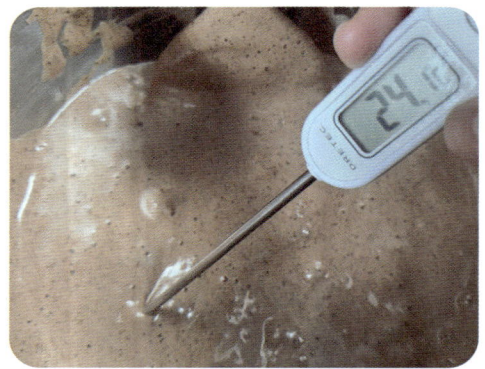

5 물과 우유를 가볍게 혼합한다(반죽온도 24℃, 비중 0.5±0.05).

6 평철판에 부어 고무주걱 및 스크래퍼로 윗면을 평평하게 정리한 후, 펀칭하여 일정한 기포를 형성하게 한다.

7 윗불 180℃, 아랫불 160℃에서 15분 전후로 굽기를 한다(손으로 두드려 봤을 때 탄력이 느껴지면 굽기 완료이다. 속이 출렁거리거나, 서걱거리는 소리 또는 손가락 자국이 그대로 난다면 조금 더 구워 준다.).

8 굽기 하는 동안, 생크림을 중탕으로 살짝 데운 후, 다크커버추어를 넣어 녹여준다(뜨겁지 않고, 따뜻한 정도로만 유지하여 녹여주는 것이 좋으며, 생크림과 초콜릿 따로 녹여서 혼합해도 된다.)

9 가나슈에 럼을 넣어 혼합한다.

10 다 구워진 반죽은 작업대 위에 펀칭을 하여 수분을 날린 후, 틀에서 즉시 제거하여 냉각팬으로 옮겨 충분히 식힌다(충분히 식힌 후 말아야 가나슈가 녹지 않는다.).

11 충분히 식힌 반죽을 다른 냉각팬에 뒤집어 분무기를 뿌려 유산지를 제거하고, 물에 적신 면포 또는 기름칠한 유산지 위에 다시 뒤집어 반죽 표면이 위로 보이게끔 하여, 말기 시작하는 앞부분에 말기 편할 수 있도록 스크래퍼로 두 줄 정도 1cm 간격으로 눌러준다.

12 살짝 굳어진 가나슈를 올려 고무주걱 또는 스크래퍼 및 스패튤라로 골고루 바른다(가나슈가 진 경우에는 찬물을 받쳐 놓고, 너무 굳어있으면 살짝 중탕하여 되기를 맞춰준다.).

13 긴 밀대를 이용하여 앞부분을 살짝 눌러준 후 말기를 하고, 말기가 끝나면 잠시 동안 고정해 둔다.

14 면포 또는 유산지를 제거한다.

15 냉각팬에 위생지를 깔고, 제출한다.

✎ 제품 평가

1. 말기 후, 표면이 터지지 않아야 한다.
2. 공간이 뜨지 않도록 잘 말아야 한다.
3. 가나슈가 흘러나오지 않아야 한다.

⁉ 많이 하는 질문 BEST

Q 코코아 파우더가 점박이처럼 박혀서 나와요.

A 가루 혼합 시, 한 쪽에 뭉치지 않도록 털면서 넣어 주시고, 우유와 물이 차가울 경우에도 코코아파우더가 잘 풀리지 않습니다. 반죽온도가 낮아지지 않도록 주의 해 주세요

흑미 롤 케이크 - 공립법

흑미쌀가루가 들어간 롤케이크로 평철판에 펼쳐 구운 후,
생크림을 발라 말아서 만든다.

⏱ 시험 시간 : 1시간 50분

✎ 요구사항

흑미롤케이크(공립법)를 제조하여 제출하시오.

1. 배합표의 각 재료를 계량하여 재료별로 진열하시오(7분).

   - 재료계량(재료당 1분)→[감독위원 계량확인]→작품제조 및 정리정돈(전체시험시간－재료계량시간)
   - 재료계량 시간내에 계량을 완료하지 못하여 시간이 초과된 경우 및 계량을 잘못한 경우는 추가의 시간 부여 없이 작품제조 및 정리정돈 시간을 활용하여 요구사항의 무게대로 계량
   - 달걀의 계량은 감독위원이 지정하는 개수로 계량

2. 반죽은 공립법으로 제조하시오.
3. 반죽온도는 25℃를 표준으로 하시오.
4. 반죽의 비중을 측정하시오.
5. 제시한 철판에 알맞도록 패닝하시오.
6. 반죽은 전량을 사용하시오.
   (시트의 밑면이 윗면이 되게 정형하시오.)

비율(%)	재료명	무게(g)
80	박력쌀가루	240
20	흑미쌀가루	60
100	설탕	300
155	달걀	465
0.8	소금	2.4(2)
0.8	베이킹파우더	2.4(2)
60	우유	180
416.6	계	1,249.8 (1,249)

✓ 충전용 재료는 계량시간에서 제외

60	생크림	150

✎ 재료 계량 후, 이 것부터 준비합시다!

오븐 예열(上180 下160), 가루체질(박력쌀가루, 흑미쌀가루, B.P), 틀 준비

1 스텐볼에 달걀을 풀어준 후, 설탕과 소금을 넣고 거품기로 혼합하여 따뜻한 물을 받쳐 중탕으로 설탕을 녹인다(이 때 중탕 온도는 43℃).

*사진 출처 : 제과제빵 '성유진'선생님

2 믹서볼에 옮겨 고속으로 휘핑한다(아이보리 색상, 양이 많아지고, 휘퍼 자국이 3~5초 유지).

3 저속으로 30초 정도 돌려 기공을 안정화 시킨다(과믹싱 시, 30초에서 1분가량 돌려 안정화 작업을 한다.).

4 작업대로 가져와 체질한 가루 재료를 넣고, 손 또는 스크래퍼 및 고무주걱을 이용하여 위에서 아래로 털어주듯 혼합한다(가루가 뭉치지 않도록 볼을 돌려가며, 바닥과 옆면을 긁으면서 빠르고 정확하게 작업한다. 이 작업을 오랫동안 할 경우 비중이 높아지므로 주의한다.).

* 흑미쌀가루의 종류에 따라 색상 차이가 있음(왼쪽 – 흑미쌀가루, 오른쪽 – 흑미강력쌀가루)

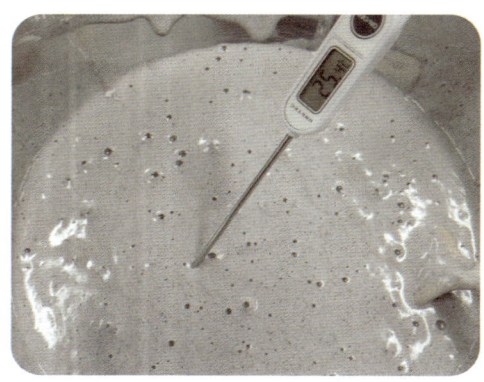

5 우유를 가볍게 혼합한다(반죽온도 25℃, 비중 0.5±0.05).

*사진 출처: 제과제빵 '성유진'선생님

6 평철판에 부어 고무주걱으로 윗면을 평평하게 정리한 후, 펀칭하여 일정한 기포를 형성하게 한다.

7 윗불 180℃, 아랫불 160℃에서 15분 전후로 굽기를 한다(손으로 두드려 봤을 때 탄력이 느껴지면 굽기 완료이다. 속이 출렁거리거나, 서걱거리는 소리 또는 손가락 자국이 그대로 난다면 조금 더 구워 준다.).

* 흑미쌀가루의 종류에 따라 색상 차이가 있음(왼쪽 – 흑미쌀가루, 오른쪽 – 흑미강력쌀가루)

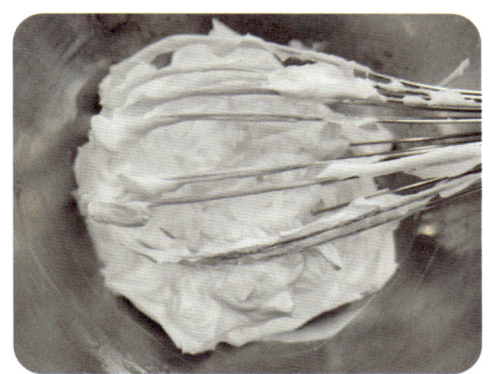
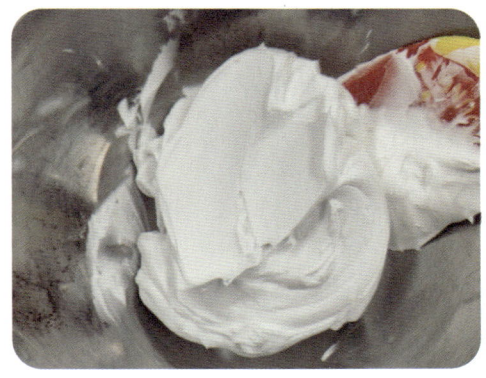

8 굽기 하는 동안, 생크림을 믹싱하여 되직한 상태를 만든다.

*사진 출처 : 제과저 빵 '성유진'선생님

9 다 구워진 반죽은 작업대 위에 펀칭을 하여 수분을 날린 후, 틀에서 즉시 제거하여 냉각팬으로 옮겨 충분히 식힌다(충분히 식힌 후 말아야 생크림이 녹지 않는다.).

10 충분히 식힌 반죽을 다른 냉각팬에 뒤집어 분무기를 뿌려 유산지를 제거하고, 물에 적신 면포 또는 기름칠한 유산지 위에 다시 뒤집어 반죽 표면이 위로 보이게끔 하여, 말기 시작하는 앞 부분에 말기 편할 수 있도록 스크레퍼로 두 줄 정도 1cm 간격으로 눌러준다.

11 생크림을 올려 고무주걱 또는 스크레퍼 및 스패튤라로 골고루 바른다.

12 긴 밀대를 이용하여 앞부분을 살짝 눌러준 후, 말기를 하고, 말기가 끝나면 잠시 동안 고정해 둔다.

13 면포 또는 유산지를 제거한다.

* 흑미쌀가루의 종류에 따라 색상 차이가 있음 (왼쪽-흑미쌀가루, 오른쪽-흑미강력쌀가루)

14 냉각팬에 위생지를 깔고, 제출한다.

*사진 출처 : 제과제빵 '성유진'선생님

✎ 제품 평가

1. 말기 후, 표면이 터지지 않아야 한다.
2. 공간이 뜨지 않도록 잘 말아야 한다.
3. 생크림이 밀려 나오지 않아야 한다.

⁉️ 많이 하는 질문 BEST

Q 우유도 희생 반죽을 만들어 이중혼합 해야 하나요?

A 희생 반죽을 만드는 이유는 가벼운 반죽에 무거운 액체 및 오일이 들어가서 순간적으로 비중이 올라가는 것을 막기 위함 및 반죽에 골고루 잘 섞이게 하기 위함입니다. 녹인 고체 유지는 온도가 차가워지면 순간적으로 굳어 버릴 수 있기 때문에 반드시 이중혼합을 하는 것이 좋으나, 그 외에는 이중혼합을 하지 않아도 큰 영향을 미치지 않습니다. 다만, 우유가 너무 차가우면 반죽온도가 낮아질 수 있으니 주의 하셔야 합니다.

버터 스펀지 케이크(별립법) - 별립법

거품형 케이크로 흰자와 노른자를 각각 믹싱하여 혼합한 후, 녹인 버터를 넣어 만든 케이크이다.

🕐 시험 시간 : 1시간 50분

✎ 요구사항

버터스펀지케이크(별립법)를 제조하여 제출하시오.

1. 배합표의 각 재료를 계량하여 재료별로 진열하시오(8분).

- 재료계량(재료당 1분)→[감독위원 계량확인]→작품제조 및 정리정돈(전체시험시간 - 재료계량시간)
- 재료계량 시간 내에 계량을 완료하지 못하여 시간이 초과된 경우 및 계량을 잘못한 경우는 추가의 시간 부여 없이 작품제조 및 정리정돈 시간을 활용하여 요구사항의 무게대로 계량
- 달걀의 계량은 감독위원이 지정하는 개수로 계량

2. 반죽은 별립법으로 제조하시오.
3. 반죽온도는 23℃를 표준으로 하시오.
4. 반죽의 비중을 측정하시오.
5. 제시한 팬에 알맞도록 분할하시오.
6. 반죽은 전량을 사용하여 성형하시오.

비율(%)	재료명	무게(g)
100	박력분	600
60	설탕(A)	360
60	설탕(B)	360
150	달걀	900
1.5	소금	9(8)
1	베이킹파우더	6
0.5	바닐라향	3(2)
25	용해버터	150
398	계	2,388 (2,386)

✎ 재료 계량 후, 이 것부터 준비합시다!

오븐 예열(上180 下160), 가루체질(박력분, B.P, 바닐라향), 틀 준비, 흰자와 노른자 분리, 버터 중탕 용해(50℃)

1 노른자를 거품기로 풀어준 후, 설탕A, 소금을 넣고 믹싱한다(연한 노란색, 거품기로 별을 그려봤을 때, 별모양이 3~5초 정도 유지).

2 흰자는 믹서 볼에 넣어 60% 휘핑 후, 설탕B를 3회가량 나누어 투입하여 중간 피크상태의 머랭 (80~90%)을 제조한다(고속 믹싱).

3 머랭 1/2~1/3을 노른자 반죽에 넣어 주걱으로 위아래로 저어주며 80% 혼합한다.

4 체질한 가루 재료를 넣고, 고무주걱을 이용하여 위에서 아래로 털어주듯 혼합한다(가루가 뭉치지 않도록 볼을 돌려가며, 바닥과 옆면을 긁으면서 빠르고 정확하게 작업한다. 이 작업을 오랫동안 할 경우 비중이 높아지므로 주의한다.).

5 일부 반죽을 중탕한 버터에 넣어 혼합한 후, 다시 본반죽에 넣어 혼합한다(이중혼합을 제대로 하지 않으면 본반죽에서도 잘 섞이지 않기 때문에 확실히 혼합한다.).

6 나머지 머랭을 넣어 가볍게 혼합한다(반죽온도 23℃, 비중 0.5±0.05).

7 3호 원형팬 4개에 50~60% 팬닝한다(팬닝 후, 남은 반죽은 비중이 높아진 반죽이므로 처음과 두 번째 팬닝한 반죽에는 덧 붓지 않도록 하며, 거품형 반죽은 웬만하면 처음부터 팬닝양을 맞춰주는 것이 좋다.).

8 고무주걱으로 윗면을 평평하게 정리한 후, 펀칭하여 일정한 기포를 형성하게 한다.

🟩 윗불 180℃, 아랫불 160℃에서 30분 전후로 굽기를 한다(손으로 두드려 봤을 때 탄력이 느껴지면 굽기 완료이다. 속이 출렁거리거나, 서걱거리는 소리 또는 손가락 자국이 그대로 난다면 조금 더 구워 준다.).

✎ 제품 평가

1. 팬닝 양이 일정하고, 황토빛 갈색으로 색상이 고르게 나야 한다.
2. 내부의 기공은 거칠어야 한다.

⁉ 많이 하는 질문 BEST

Q 비중에 따라서 팬닝 양이 다른가요?

A 네 0.45를 맞추셨다면 팬닝양은 60%가 될 것이고, 0.55를 맞추셨다면 팬닝양은 50%가 될겁니다. 또한 처음 팬닝한 반죽의 비중과 마지막에 팬닝한 반죽의 비중이 다릅니다. 첫 반죽은 가벼울 것이고, 밑에 있는 반죽은 조금 더 무겁기 때문에 부피 차이가 조금은 있습니다.

Q 굽고 났더니 가장자리가 쭈글쭈글 합니다.

A 구운 직후 바로 펀칭하시고 틀에서 제거하셔야 합니다. 틀에서 바로 제거하지 않으면 가장자리가 수축이 일어나 쭈글쭈글 해집니다.

소프트 롤 케이크 – 별립법

거품형 케이크로 흰자와 노른자를 각각 믹싱 후 혼합하여 평철판에 펼쳐 구운 후,
잼이나 크림을 발라 말아서 만든 롤케이크이다.

⏱ 시험 시간:1시간 50분

✎ 요구사항

소프트롤 케이크를 제조하여 제출하시오.

1. 배합표의 각 재료를 계량하여 재료별로 진열하시오(10분).

- 재료계량(재료당 1분)→[감독위원 계량확인]→작품제조 및 정리정돈(전체시험시간 − 재료계량시간)
- 재료계량 시간 내에 계량을 완료하지 못하여 시간이 초과된 경우 및 계량을 잘못한 경우는 추가의 시간 부여 없이 작품제조 및 정리정돈 시간을 활용하여 요구사항의 무게대로 계량
- 달걀의 계량은 감독위원이 지정하는 개수로 계량

2. 반죽은 별립법으로 제조하시오.
3. 반죽온도는 22℃를 표준으로 하시오.
4. 반죽의 비중을 측정하시오.
5. 제시한 팬에 알맞도록 분할하시오.
6. 반죽은 전량을 사용하여 성형하시오.
7. 캐러멜 색소를 이용하여 무늬를 완성하시오(무늬를 완성하지 않으면 제품 껍질 평가 0점 처리).

비율(%)	재료명	무게(g)
100	박력분	250
70	설탕(A)	175(176)
10	물엿	25(26)
1	소금	2.5(2)
20	물	50
1	바닐라향	2.5(2)
60	설탕(B)	150
280	달걀	700
1	베이킹파우더	2.5(2)
50	식용유	125(126)
593	계	1,482.5 (1484)

✓ 충전용 재료는 계량시간에서 제외

80	잼	200

✎ 재료 계량 후, 이 것부터 준비합시다!

오븐 예열(上180 下160), 가루체질(박력분, B.P, 바닐라향), 틀 준비, 흰자와 노른자 분리

1 노른자를 거품기로 풀어준 후, 설탕A, 소금, 물엿을 넣고 믹싱한다(연한 노란색, 거품기로 별을 그려봤을 때, 별모양이 3~5초 정도 유지). 그리고 물을 혼합한다.

2 흰자는 믹서 볼에 넣어 60% 휘핑 후, 설탕B를 3회가량 나누어 투입하여 중간 피크 상태의 머랭 (80~90%)을 제조한다(고속 믹싱).

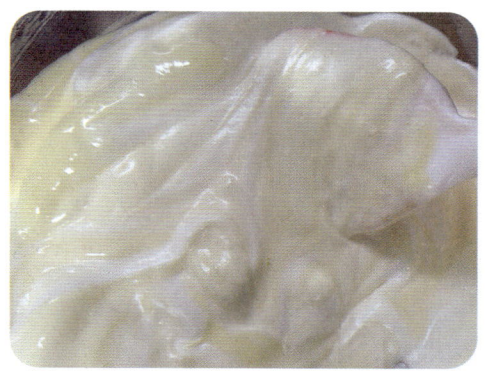

3 머랭 1/2~1/3을 노른자 반죽에 넣어 주걱으로 위아래로 저어주며 80% 혼합한다.

4 체질한 가루 재료를 넣고, 고무주걱을 이용하여 위에서 아래로 털어주듯 혼합한다(가루가 뭉치지 않도록 볼을 돌려가며, 바닥과 옆면을 긁으면서 빠르고 정확하게 작업한다. 이 작업을 오랫동안 할 경 우 비중이 높아지므로 주의한다.).

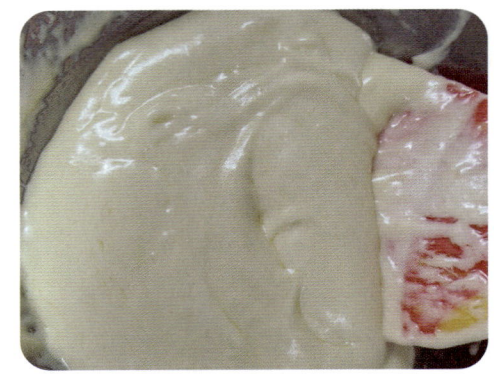

5 일부 반죽을 식용유에 넣어 혼합한 후, 다시 본반죽에 넣어 혼합한다(이중혼합을 제대로 하지 않으면 본반죽에서도 잘 섞이지 않기 때문에 확실히 혼합한다.).

6 나머지 머랭을 넣어 가볍게 혼합한다(반죽온도 22℃, 비중 0.5±0.05).

7 비중 측정한 반죽은 작은 스텐볼에 옮겨 캐러멜 색소를 넣어 진한 갈색을 만든다(최대한 가벼운 반죽일 때 사용해야 모양을 낸 후, 무늬가 바닥으로 가라앉지 않는다.).

8 비중을 맞춘 반죽은 평철판에 부어 고무주걱으로 윗면을 평평하게 정리한 후, 펀칭하여 일정한 기포를 형성하게 한다.

9 비닐 짤주머니 또는 위생지로 만든 짤주머니에 **7**번의 반죽을 담아 앞부분을 0.5cm로 자른 후, 3cm 간격으로 짜준다.

10 젓가락 또는 온도계 끝을 이용하여 4cm 간격을 만든다(바닥에 닿이지 않도록 주의하며, 완성 후, 바닥을 치지 않는다.).

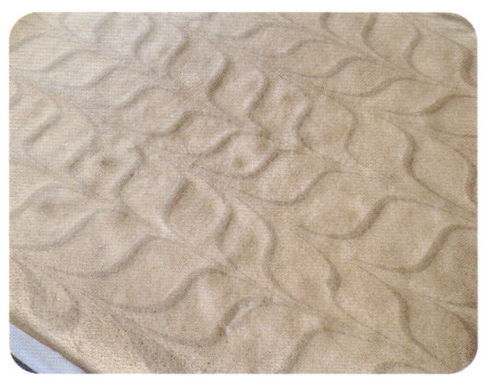

11 윗불 180℃, 아랫불 160℃에서 25분 전후로 굽기를 한다(손으로 두드려 봤을 때 탄력이 느껴지면 굽기 완료이다. 속이 출렁거리거나, 서걱거리는 소리 또는 손가락 자국이 그대로 난다면 조금 더 구워준다. 색상을 제대로 내지 않으면 면보나 유산지위에 뒤집었을 때, 윗면이 다 뜯어지므로 주의한다.).

12 굽는 동안, 물에 적신 면포 또는 기름칠한 유산지(말기 직전에 준비), 긴 밀대, 잼과 스크래퍼, 분무기를 준비한다.

13 다 구워진 반죽은 펀칭하여 수분을 날린 후, 틀에서 즉시 제거하여 냉각팬으로 옮겨 살짝 식혀준다.

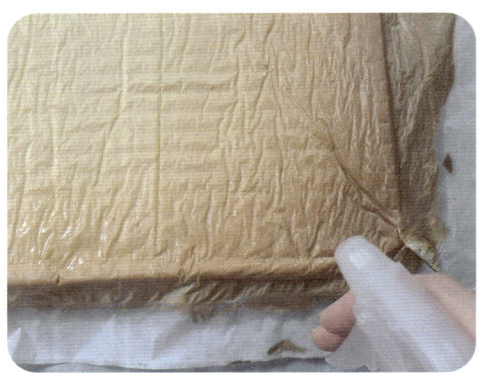

14 반죽을 뒤집어 물분무를 하여 유산지를 제거하고, 말기 시작하는 앞부분에 말기 편할 수 있도록 스크래퍼로 두 줄 정도 1cm 간격으로 눌러준다.

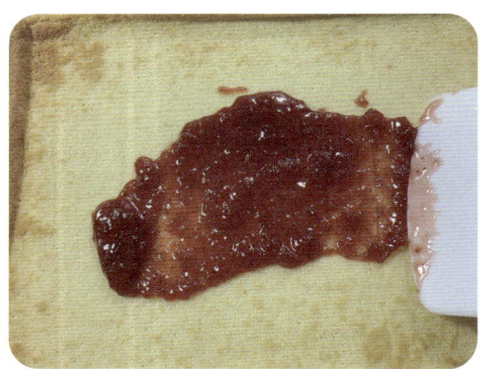

15 잼을 올려 고무주걱 또는 스크래퍼 및 스패튤라로 스크래퍼 두 줄 낸 자리를 제외하고 골고루 바른다.

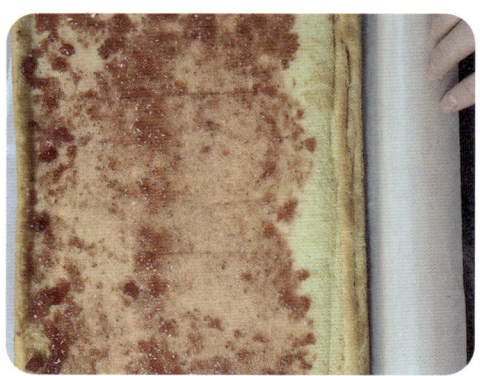

16 긴 밀대를 이용하여 앞부분을 살짝 눌러준 후 말기를 하고, 말기가 끝나면 잠시 동안 고정해 둔다.

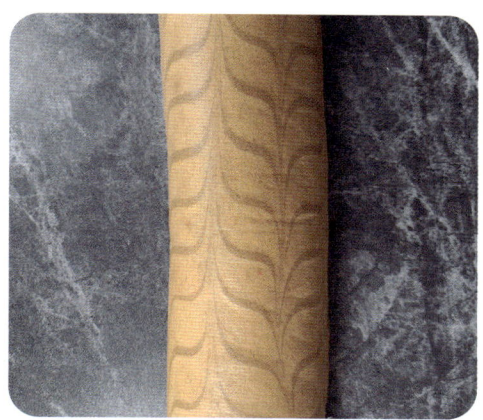

17 면포 또는 유산지를 제거한다.

18 냉각팬에 위생지를 깔고, 제출한다.

✎ 제품 평가

1. 말기 후, 표면이 터지지 않아야 한다.
2. 공간이 뜨지 않도록 잘 말아야 한다.
3. 무늬가 선명하고 일정해야 한다.

⁉ 많이 하는 질문 BEST

Q 무늬를 분명 두껍게 짰는데, 굽고 났더니 무늬가 얇아졌어요.

A 캐러멜 색소를 섞을 때, 너무 오랫동안 섞으면 비중이 높아져서 무늬를 내고 반죽 속으로 가라앉습니다. 그래서 캐러멜 색소를 섞을 반죽은 가벼운 반죽 또는 처음 비중을 측정했던 반죽으로 하시는게 좋습니다.

Q 세게 말지 않았는데 왜 표면이 터졌을까요?

A 비중이 너무 높았거나, 오븐에서 너무 오래 구웠을 경우, 그리고 냉각을 너무 오래 식히게 되면 표면이 잘 터질 수 있습니다. 그렇다고 너무 뜨거울 때 말게 되면 부피가 작아질 수 있으므로 적당한 냉각이 필요합니다.

Q 잘 말은 것 같은데 왜 공간이 떴을까요?

A 팬닝 시, 두께가 일정하지 않으면 공간이 뜰 수 있습니다. 두께를 잘 맞춰서 팬닝 해 주세요

시퐁 케이크 – 시퐁법

흰자는 믹싱하여 머랭을 만들고, 노른자는 거품을 내지 않고
흰자와 노른자를 혼합하여 만든 케이크이다.

🕐 시험 시간 : 1시간 40분

✎ 요구사항

시폰 케이크(시폰법)를 제조하여 제출하시오.

1. 배합표의 각 재료를 계량하여 재료별로 진열하시오(8분).

   - 재료계량(재료당 1분)→[감독위원 계량확인]→작품제조 및 정리정돈(전체시험시간 - 재료계량시간)
   - 재료계량 시간 내에 계량을 완료하지 못하여 시간이 초과된 경우 및 계량을 잘못한 경우는 추가의 시간 부여 없이 작품제조 및 정리정돈 시간을 활용하여 요구사항의 무게대로 계량
   - 달걀의 계량은 감독위원이 지정하는 개수로 계량

2. 반죽은 시폰법으로 제조하고 비중을 측정하시오.
3. 반죽온도는 23℃를 표준으로 하시오.
4. 시폰팬을 사용하여 반죽을 분할하고 구우시오.
5. 반죽은 전량을 사용하여 성형하시오.

비율(%)	재료명	무게(g)
100	박력분	400
65	설탕(A)	260
65	설탕(B)	260
150	달걀	600
1.5	소 금	6
2.5	베이킹파우더	10
40	식용유	160
30	물	120
454	계	1,816

✎ 재료 계량 후, 이것부터 준비합시다!

오븐 예열(上180 下170), 가루체질(박력분, B.P), 틀 준비(물분무하여 뒤집어 놓기), 흰자와 노른자 분리

1 노른자를 거품기로 풀어준 후, 설탕A, 소금을 넣고 혼합한다.

2 물→체 친 가루→식용유 순서로 거품기로 혼합한다(순서가 바뀌어도 상관없으며 덩어리가 생기지 않도록 매끈하게 혼합만 하면 된다.).

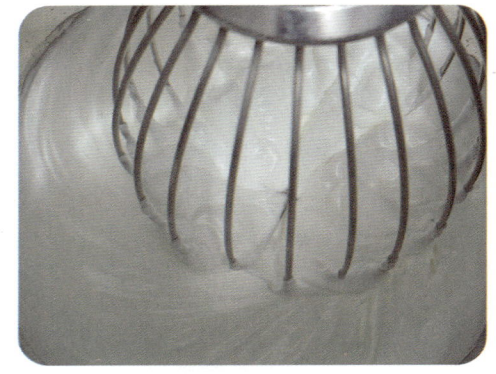

3 흰자는 믹서 볼에 넣어 60% 휘핑 후, 설탕B를 3회가량 나누어 투입하여 중간 피크 상태의 머랭 (80~90%)을 제조한다(고속 믹싱).

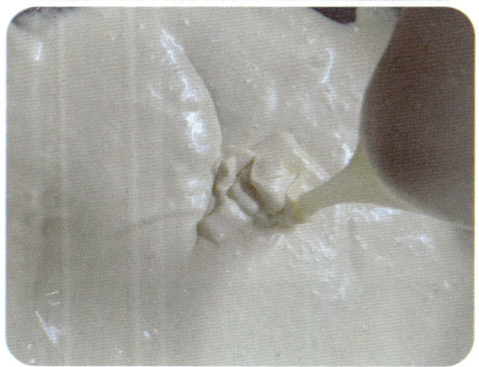

4 머랭은 2회 나누어 가볍게 혼합한다(반죽온도 23℃, 비중 0.5±0.05).

5 작은 스텐볼 또는 짤주머니를 이용하여 60% 팬닝한다.

6 윗불 180℃, 아랫불 170℃에서 35분 전후로 굽기를 한다(손으로 두드려 봤을 때 탄력이 느껴지면 굽기 완료이다. 기둥 쪽 반죽에 색이 확실하게 나지 않으면 냉각 후, 주저 앉으므로 주의한다.).

7 오븐에서 꺼내자마자 뒤집어 놓은 후, 냉각한다(행주에 찬물을 적셔 물기를 짜고 팬에 올리면 빠르게 냉각할 수 있으며, 행주가 뜨거워지면 다시 찬물에 적셔 올리는 것을 반복한다.).

8 가장자리를 눌러 분리하고, 팬의 바닥부분은 뒤집어서 옆면을 살짝씩 돌려가며 떼어 분리한다.

9 바닥부분이 윗면이 되며, 냉각팬 위에 위생지를 깔고, 제출한다.

✎ 제품 평가

1. 네 개의 부피가 일정하며, 주저앉지 않아야 한다.
2. 틀에서 제거할 때, 표면에 깔끔하게 빠져야 한다.
3. 내부의 기공은 거칠어야 한다.

⁉ 많이 하는 질문 BEST

Q 틀에서 제거 했는데 제품이 주저 앉았어요.

A 오븐에서 나오자마자 뒤집어 식히지 않으면 주저 앉습니다. 또는 가운데 둥근 부분에 색이 제대로 나지 않았을 경우 주저 앉으므로 색을 확실하게 내어 주셔야 합니다.

Q 노른자는 거품을 내면 안되나요?

A 네. 시퐁법은 노른자는 거품을 내지 않고, 화학팽창제와 머랭의 힘으로 부풀게 하는 방법입니다.

Q 팬닝 중, 기둥에 묻었을 때 닦아야 하나요?

A 아니요. 반죽을 닦으면서 이형제인 물도 함께 닦이기 때문에, 틀에서 분리할 때 예쁘게 빠지지 않습니다. 그리고 어차피 높게 팽창하기 때문에 닦을 필요가 없습니다.

마드레느 – 1단계법(변형)

유지와 달걀에 레몬향을 더하여 만든 프랑스의 대표적인 조개모양 티 쿠키(Tea cookie)이다.

⏱ 시험 시간:1시간 50분

✎ 요구사항

마드레느를 제조하여 제출하시오.

1. 배합표의 각 재료를 계량하여 재료별로 진열하시오(7분).

> • 재료계량(재료당 1분)→[감독위원 계량확인]→작품제조 및 정리정돈(전체시험시간 - 재료계량시간)
> • 재료계량 시간 내에 계량을 완료하지 못하여 시간이 초과된 경우 및 계량을 잘못한 경우는 추가의 시간 부여 없이 작품제조 및 정리정돈 시간을 활용하여 요구사항의 무게대로 계량
> • 달걀의 계량은 감독위원이 지정하는 개수로 계량

2. 마드레느는 수작업으로 하시오.
3. 버터를 녹여서 넣는 1단계법(변형) 반죽법을 사용하시오.
4. 반죽온도는 24℃를 표준으로 하시오.
5. 실온에서 휴지 시키시오.
6. 제시된 팬에 알맞은 반죽량을 넣으시오.
7. 반죽은 전량을 사용하여 성형하시오.

비율(%)	재료명	무게(g)
100	박력분	400
2	베이킹파우더	8
100	설탕	400
100	달걀	400
1	레몬껍질	4
0.5	소금	2
100	버터	400
403.5	계	1,614

✎ 재료 계량 후, 이 것부터 준비합시다!

오븐 예열(上170 下160), 가루체질(박력분, B.P), 버터 중탕 용해(여름철 35~40℃, 겨울철 40~45℃), 레몬 껍질 다지기 또는 강판에 갈아놓기

1 체 친 가루재료(박력분, B.P)에 설탕, 소금을 넣고 거품기로 혼합한다.

2 달걀은 거품이 생기지 않도록 풀어준 후, **1**에 투입하여 매끈해질 때까지 혼합한다(기포가 생기지 않도록 천천히 혼합한다.).

3 다진 레몬껍질을 넣고 섞어준다.

4 미리 중탕한 버터를 혼합한다.

5 반죽을 비닐 또는 랩을 씌워 실온에서 30분 전후로 휴지시킨다(반죽온도 24℃).

6 휴지시키는 동안, 마드레느 팬에 녹인 쇼트닝 또는 버터를 붓으로 바른다(유지가 두껍지 않도록 얇게 발라줘야 구웠을 때, 색이 튀기듯이 진해지지 않으며, 코팅이 벗겨져 있는 철판이 나올 경우에는 기름을 너무 적게 바르면 표면이 뜯겨지므로 주의한다.).

7 휴지가 다 된 반죽은 농도가 되직해지며, 주걱으로 한 번 저어준 후, 짤주머니에 담아 팬닝(80%)한다(시험장에서는 24~25구인 철판으로 두 철판에서 두 철판 반정도 나온다.).

8 윗불 170℃, 아랫불 160℃에서 15분 전후로 굽기를 한다(굽는 도중에 앞쪽 반죽과 뒤쪽 반죽의 색이 다를 경우 철판을 돌려서 색깔을 맞춰준다.).

9 냉각팬에 위생지를 깔고 구운 제품을 털어 조개 모양이 앞으로 보이게 하여 제출한다.

✎ 제품 평가

1. 배꼽이 나오는 것은 정상이나 너무 과하게 터지거나, 없으면 안된다.
2. 팬닝양을 일정하게 하여 크기가 다르지 않도록 한다.
3. 조개모양 부분의 색상이 밝은 느낌이 좋다.

⁉ 많이 하는 질문 BEST

Q 배꼽이 너무 과하게 터졌어요.

A 휴지가 불충분 했거나, 반죽온도가 너무 낮거나, 너무 높을 경우 또는 재료들이 제대로 섞이지 않을 경우입니다. 만약 분리가 났다면 모든 반죽이 다 과하게 터졌겠지만, 한두 개가 그렇다면 팬닝양이 많아서 그럴 수 있습니다.

Q 배꼽이 전혀 없어요.

A 팬닝양이 너무 적었을 확률이 높습니다. 팬닝양을 맞춰 주세요.

브라우니 – 1단계법(변형)

구웠을 때, 갈색 빛을 띠어 브라우니라는 이름이 붙여졌으며, 달고 촉촉한 식감을 가졌다.

🕐 시험 시간 : 1시간 50분

✎ 요구사항

브라우니를 제조하여 제출하시오.

비율(%)	재료명	무게(g)
100	중력분	300
120	달걀	360
130	설탕	390
2	소금	6
50	버터	150
150	다크초콜릿 (커버춰)	450
10	코코아파우더	30
2	바닐라향	6
50	호두	150
614	계	1,842

1. 배합표의 각 재료를 계량하여 재료별로 진열하시오(9분).

   • 재료계량(재료당 1분)→[감독위원 계량확인]→작품제조 및 정리정돈(전체시험시간 - 재료계량시간)
   • 재료계량 시간 내에 계량을 완료하지 못하여 시간이 초과된 경우 및 계량을 잘못한 경우는 추가의 시간 부여 없이 작품제조 및 정리정돈 시간을 활용하여 요구사항의 무게대로 계량
   • 달걀의 계량은 감독위원이 지정하는 개수로 계량

2. 브라우니는 수작업으로 반죽하시오.
3. 버터와 초콜릿을 함께 녹여서 넣는 1단계 변형반죽법으로 하시오.
4. 반죽온도는 27℃를 표준으로 하시오.
5. 반죽은 전량을 사용하여 성형하시오.
6. 3호 원형팬 2개에 패닝하시오.
7. 호두의 반은 반죽에 사용하고 나머지 반은 토핑하며, 반죽속과 윗면에 골고루 분포되게 하시오(호두는 구어서 사용).

✎ 재료 계량 후, 이 것부터 준비합시다!

오븐 예열(上170 下160), 가루체질(중력분), 틀 준비

1 호두분태는 평철판에 펼쳐 예열된 오븐에 8분 전후로 굽기를 한다.(버너 위에서 볶듯이 구워도 된다.)

2 버터와 다크초콜릿은 함께 중탕한다(중탕 볼은 조금 더 작은 것을 사용하며, 온도는 50℃가 넘지 않도록 중탕하고, 30~35℃로 온도를 떨어트려 준다. 고무주걱은 눌러 붙을 수 있으므로, 초콜릿 전용 주걱 또는 나무주걱을 사용한다.).

3 달걀은 스텐볼에 넣고 풀어준 후, 설탕과 소금을 넣고 거품기로 혼합하여 중탕시키며 설탕을 녹여준다(온도는 30~35℃로 맞추어 초콜릿의 온도와 차이가 많이 나지 않도록 한다.).

4 달걀 볼에 버터와 함께 용해한 초콜릿을 서서히 부으며 거품기로 혼합한다.

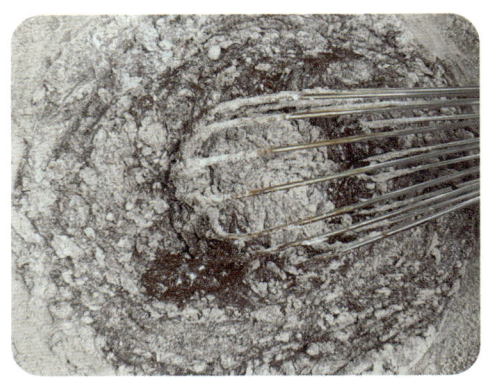

5 체 친 가루재료를 넣고 주걱 및 거품기로 가볍게 혼합한다(글루텐 생성 방지).

6 미리 구워 놓은 호두 분태 1/2을 혼합한다(반죽온도 27℃).

7 원형 팬 2개에 일정하게 팬닝하여 고무주걱으로 윗면을 평평하게 만든 후, 남은 호두 분태를 골고루 뿌려준다.

8 윗불 170℃, 아랫불 160℃에서 30분 전후로 굽기를 한다.

9 냉각팬 위에 위생지를 깔고, 제출한다.

✎ 제품 평가

1. 두 개의 제품의 부피가 일정해야 하며, 찌그러짐이 없어야 한다.
2. 짙은 초콜릿의 색상을 띠어야 한다.
3. 내부의 공간이 떠 있지 않아야 하며, 바닥이 평평해야 한다.

⁉ 많이 하는 질문 BEST

Q 굽고 났더니 바닥이 움푹 파여 있어요.

A 바닥이 움푹 파인 원인은 많습니다. 달걀과 버터초콜릿이 분리가 났을 경우, 가루를 넣고 너무 오래 저어서 글루텐이 생긴 경우, 반죽온도가 너무 낮거나 너무 높은 경우에는 바닥이 솟구치는 현상이 생기기 때문에 주의하셔야 합니다.

호두 파이 – 스코틀랜드식

호두를 사용한 달고 고소한 파이다.

🕐 시험 시간:2시간 30분

✎ 요구사항

호두파이를 제조하여 제출하시오.

1. 껍질 재료를 계량하여 재료별로 진열하시오(7분).

- 재료계량(재료당 1분)→[감독위원 계량확인]→작품제조 및 정리정돈(전체시험시간−재료계량시간)
- 재료계량 시간 내에 계량을 완료하지 못하여 시간이 초과된 경우 및 계량을 잘못한 경우는 추가의 시간 부여 없이 작품제조 및 정리정돈 시간을 활용하여 요구사항의 무게대로 계량
- 달걀의 계량은 감독위원이 지정하는 개수로 계량

2. 껍질에 결이 있는 제품으로 손반죽으로 제조하시오.
3. 껍질 휴지는 냉장온도에서 실시하시오.
4. 충전물은 개인별로 각자 제조하시오(호두는 구워서 사용).
5. 구운 후 충전물의 층이 선명하도록 제조하시오.
6. 제시한 팬 7개에 맞는 껍질을 제조하시오(팬크기가 다를 경우 크기에 따라 가감).
7. 반죽은 전량을 사용하여 성형하시오.

껍질		
비율(%)	재료명	무게(g)
100	중력분	400
10	노른자	40
1.5	소금	6
3	설탕	12
12	생크림	48
40	버터	160
25	물	100
191.5	계	766

충전물(계량시간에서 제외)		
비율(%)	재료명	무게(g)
100	호두	250
100	설탕	250
100	물엿	250
1	계피가루	2.5(2)
40	물	100
240	달걀	600
581	계	1,452.5 (1,452)

✎ 재료 계량 후, 이 것부터 준비합시다!

오븐 예열(上170 下190), 설탕과 소금은 물에 넣어 녹인 후, 생크림과 노른자를 풀어서 혼합하기

1 중력분을 작업대 위에 바로 체질한다.

2 체 친 가루재료 위에 버터를 올리고 스크래퍼를 이용하여 버터 입자가 콩알크기가 될 때까지 다진다.

3 가운데를 움푹 판 후, 액체재료(생크림, 노른자, 설탕과 소금을 녹인 물)를 넣고 다지듯이 혼합하여 한 덩이로 만든다(액체를 한 번에 다 붓기 힘들면 2~3회 나누어 붓는다.).

4 날가루가 보이지 않으면 비닐에 옮겨 손으로 살짝 치대어 납작한 사각모양을 만든 후, 냉장고에서 20~30분 정도 휴지시킨다.

5 휴지시키는 동안 충전물을 만들어야 하므로 평철판에 호두를 펼쳐 예열된 오븐에 8~10분 정도 굽기를 한다.

6 스텐볼에 물, 설탕, 물엿, 계피가루를 넣고 설탕이 다 녹을 때까지 중탕한다(너무 뜨겁지 않도록 한다.).

7 달걀을 풀어준 후, **6**번의 볼에 부으며 섞어준다(기포가 생기지 않도록 주의한다.).

8 체에 걸러준다(스텐볼과 체의 거리를 낮게 잡고 걸러주어야 기포가 많이 생기지 않는다.).

9 위생지를 덮어 기포를 제거한다.

10 파이 틀에 쇼트닝을 발라 준비한 후, 휴지가 다 된 반죽을 저울에 올려 똑같이 7등분한 후, 덧가루 없이 살짝 치대어, 밀대를 이용하여 두께 0.3cm인 원형 밀어펴기를 한다(파이 틀을 뒤집어 올려보았을 때, 양가로 2cm 정도 남으면 거의 알맞다. 반죽을 많이 치대면 굽기 후, 반죽이 틀에 말려 들어갈 수 있으므로 주의).

11 밀어편 반죽을 파이 틀에 얹어 공간이 뜨지 않도록 잘 눌러주고, 스크래퍼를 이용하여 가장자리를 정리한다.

12 손가락을 이용하여 물결모양으로 만든다.

13 포크를 이용하여 바닥부분에 구멍을 낸다(충전물이 새는 것을 방지하기 위하여 두꺼워 보이는 부분 위주로만 구멍을 내며 많이 내지 않는다.).

14 전처리한 호두를 틀에 똑같이 나누어 넣고 충전물을 70~80% 부어준다(충전물에 고형분이 가라앉음을 방지하여 붓기 직전 젓가락 및 주걱으로 한 번 저어준다.).

15 철판위에 올려 윗불 170℃, 아랫불 190℃에서 35분 전후로 굽기를 한다.

16 틀에서 제거하여 냉각팬 위에 위생지를 깔고, 제출한다.

✎ 제품 평가

1. 팬닝 양은 일정해야 한다.
2. 윗면에 기포와 큰 갈라짐이 없어야 한다.
3. 파이 반죽의 색상은 황토빛 갈색으로 바닥까지 색이 나야 한다.

⁉ **많이 하는 질문 BEST**

Q 굽고 났더니 반죽이 틀 안으로 말려 들어갔어요.

A 반죽의 휴지가 부족하거나, 반죽을 너무 많이 치대었을 때, 또는 파이틀에 제대로 안착을 시키지 않을 경우 생기는 현상입니다.

슈

밀가루를 호화시켜 비어있는 속을 만들고, 크림을 넣는 제품이며,
갈라진 겉모습이 양배추와 비슷하다고 하여 붙여진 이름이다.

⏱ 시험 시간 : 2시간

✎ 요구사항

슈를 제조하여 제출하시오.

1. 배합표의 재료를 계량하여 재료별로 진열하시오(5분).

   - 재료계량(재료당 1분)→[감독위원 계량확인]→작품제조 및 정리정돈(전체시험시간-재료계량시간)
   - 재료계량 시간 내에 계량을 완료하지 못하여 시간이 초과된 경우 및 계량을 잘못한 경우는 추가의 시간 부여 없이 작품제조 및 정리정돈 시간을 활용하여 요구사항의 무게대로 계량
   - 달걀의 계량은 감독위원이 지정하는 개수로 계량

2. 껍질 반죽은 수작업으로 하시오.
3. 반죽은 직경 3cm 전후의 원형으로 짜시오.
4. 커스터드 크림을 껍질에 넣어 제품을 완성하시오.
5. 반죽은 전량을 사용하여 성형하시오.

비율(%)	재료명	무게(g)
125	물	250
100	버터	200
1	소금	2
100	중력분	200
200	달걀	400
526	계	1,052
✓ 충전용 재료는 계량시간에서 제외		
500	커스터드 크림	1000

✎ 재료 계량 후, 이 것부터 준비합시다!

오븐 예열(上160 下180), 가루체질(중력분)

1 스텐볼에 버터, 물, 소금을 넣고 팔팔 끓인다(제대로 끓이지 않으면 호화시키는데 시간이 많이 걸린다.).

2 불을 끈 상태에서 체 친 중력분을 넣고 거품기로 저어 혼합한 후, 다시 불 위에서 호화시킨다(바닥에 눌러붙지 않도록 잘 저어준다.).

3 처음엔 되직한 느낌이 들다가 물고구마처럼 살짝 부드러워진 느낌이 들면 호화는 끝난다.

4 달걀을 나누어 투입하여 농도를 조절한다(광택이 나며, 주걱으로 떠 봤을 때, 삼각형태의 반죽이 툭 툭 떨어지는 정도가 좋다.).

5 1cm 원형 깍지를 끼운 짤주머니에 반죽을 담아 두께 1cm, 직경 3cm의 원형으로 간격을 잘 맞추어 팬닝한다.

⑥ 분무기를 이용하여 물을 충분히 뿌려준다(분무기가 없을 경우 물에 침지시킨 뒤 물을 버린다.).

⑦ 윗불 160℃, 아랫불 180℃에서 굽다가 8~12분쯤에 윗면에 수분이 날아가고, 촉촉한 느낌이 사라지면 윗불 180℃, 아랫불 160℃로 바꾸어 총 30분 전후로 굽기를 한다(결색이 나기 전에 오븐문을 열면 제품이 주저 앉으므로 주의하고, 결색이 충분히 날 때까지 굽기를 한다. 결색에 비해 반죽색이 진할 경우 윗불을 조금 낮추어 구워준다.).

⑧ 냉각 후, 슈의 아랫면에 나무젓가락으로 지름 0.5cm로 구멍을 낸다.

9 0.5cm 원형 깍지를 끼운 짤주머니에 커스터드 크림을 담아 구멍낸 부분으로 넣는다.

✎ 제품 평가

1. 윗면이 양배추처럼 갈라지며 부풀어야 하며, 주저 앉지 않아야 한다.
2. 내부는 둥근 공간이 있어야 한다.

⁉ 많이 하는 질문 BEST

Q 부풀긴 했는데 삼각형으로 부풀었어요.

A 팬닝 시, 두께가 얇았을 확률이 큽니다. 두툼하게 짜주어야 잘 팽창합니다.

Q 달걀을 다 넣었는데 농도가 질어졌어요.

A 달걀은 농도조절의 역할이기 때문에, 농도를 보시면서 넣는 것이 좋습니다. 보통 호화가 아주 잘 되면 달걀양이 거의 딱 맞거나 한 알 정도 남고, 호화를 너무 많이 하게 되면 달걀이 부족하며, 호화가 너무 안되었을 경우 달걀이 많이 남게 됩니다.

Q 호화를 잘 시켰는데도 잘 부풀지가 않았어요.

A 두께가 너무 얇지 않았는지, 팬닝의 간격이 너무 가까워서 빡빡하게 팬닝하지는 않았는지 신경 쓰셔야 합니다. 오븐 온도 조절을 제대로 하지 않아도 잘 부풀지 않게 됩니다.

다쿠와즈 – 머랭쿠키

아몬드 파우더와 머랭을 사용한 쿠키이며 달고 폭신폭신하다.

🕐 시험 시간 : 1시간 50분

✏️ 요구사항

다쿠와즈를 제조하여 제출하시오.

1. 배합표의 각 재료를 계량하여 재료별로 진열하시오(5분).

- 재료계량(재료당 1분)→[감독위원 계량확인]→작품제조 및 정리정돈(전체시험시간−재료계량시간)
- 재료계량 시간 내에 계량을 완료하지 못하여 시간이 초과된 경우 및 계량을 잘못한 경우는 추가의 시간 부여 없이 작품제조 및 정리정돈 시간을 활용하여 요구사항의 무게대로 계량
- 달걀의 계량은 감독위원이 지정하는 개수로 계량

2. 머랭을 사용하는 반죽을 만드시오.
3. 표피가 갈라지는 다쿠와즈를 만드시오.
4. 다쿠와즈 2개를 크림으로 샌드하여 1조의 제품으로 완성하시오.
5. 반죽은 전량을 사용하여 성형하시오.

비율(%)	재료명	무게(g)
100	달걀흰자	330
30	설탕	99(98)
60	아몬드분말	198
50	분당	165(164)
16	박력분	54
256	계	846 (844)

✓ 충전용 재료는 계량시간에서 제외

66	버터크림 (샌드용)	218

✏️ 재료 계량 후, 이 것부터 준비합시다!

오븐 예열(上180 下160), 가루체질(아몬드분말, 분당, 박력분)

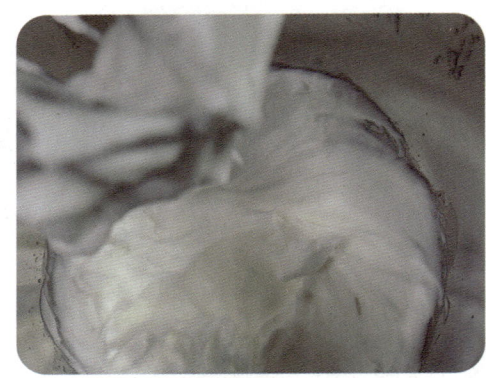

1 흰자는 60% 휘핑 후, 설탕을 3회가량 나누어 투입하여 건조피크(90~100%) 상태의 머랭을 제조한다(고속 믹싱, 흰자양에 비해 설탕양이 적기 때문에 퍼석퍼석한 느낌이 든다.).

2 체질한 가루 볼에 머랭을 2회 나누어 80%만 혼합되어야 한다(100% 혼합 시, 반죽이 퍼지며 윗면 갈라짐이 적다.).

3 평철판에 실리콘페이퍼를 깔고 틀을 올린 후, 짤주머니에 반죽을 담는다.

4 틀보다 아주 살짝 올라오게 짜며, 모서리 부분은 꼼꼼히 채워준다.

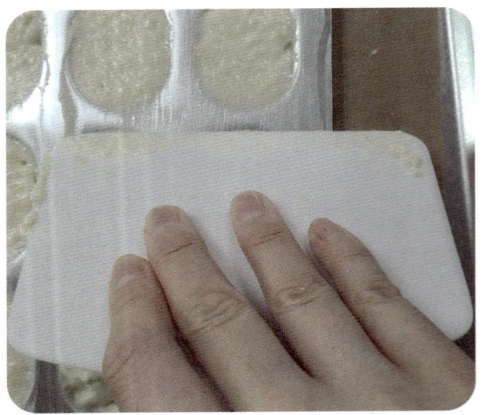

5 스크래퍼를 이용하여 윗면을 평평하게 만든다(스크래퍼에 묻은 반죽은 본반죽에 함께 섞지 않고, 이 반죽들만 따로 모아 마지막에 짜주는 것이 좋다.).

6 다쿠와즈 틀을 들어 올린 후, 고운체로 분당을 2회 뿌려준다(위에 뿌려주는 분당은 배합표의 분당이 아니므로 따로 준비한다.).

7 윗불 180℃, 아랫불 160℃에서 10~15분 굽기를 한다.

8 주어진 샌드용 크림을 짤주머니 또는 헤라를 이용하여 2개를 붙인다.

✎ **제품 평가**

1. 연한 갈색으로 일정하게 색이 나야 한다.
2. 모양이 퍼지지 않고 도톰해야 한다.
3. 윗면에 자글자글한 갈라짐이 있어야 한다.

⁉ 많이 하는 질문 BEST

Q 모양이 왜 퍼졌을까요?

A 머랭을 덜 올렸거나, 가루와 혼합 시 너무 많이 혼합 되었을 경우 퍼집니다.

Q 분당을 두 번이나 체쳤는데 갈라짐이 없어요.

A 반죽이 질었을 경우에 반죽 수분에 의해 분당이 녹게 되면서 갈라짐이 없어집니다.

Q 모양은 퍼지지 않았는데, 두께가 너무 낮습니다.

A 스크래퍼로 왔다갔다를 너무 세게 하시거나 많이 하실 경우 부피가 살지 않습니다. 1~2회 정도가 충분합니다.

제2장
제빵 실기

식빵 – 비상스트레이트법

산형 식빵이라고도 하며, 고율배합과 저율배합의 기준이 되는 흰 식빵이다.

🕐 시험 시간 : 2시간 40분

✎ 요구사항

식빵(비상스트레이트법)을 제조하여 제출하시오.

비율(%)	재료명	두게(g)
100	강력분	1200
63	물	756
5	이스트	60
2	제빵개량제	24
5	설탕	60
4	쇼트닝	48
3	탈지분유	36
1.8	소금	21.6(22)
183.8	계	2,205.6 (2206)

1. 배합표의 각 재료를 계량하여 재료별로 진열하시오(8분).

- 재료계량(재료당 1분)→[감독위원 계량확인]→작품제조 및 정리정돈(전체시험시간 - 재료계량시간)
- 재료계량 시간 내에 계량을 완료하지 못하여 시간이 초과된 경우 및 계량을 잘못한 경우는 추가의 시간 부여없이 작품제조 및 정리정돈 시간을 활용하여 요구사항의 무게대로 계량
- 달걀의 계량은 감독위원이 지정하는 개수로 계량

2. 비상스트레이트법 공정에 의해 제조하시오(반죽온도는 30℃로 한다.).
3. 표준분할무게는 170g으로 하고, 제시된 팬의 용량을 감안하여 결정하시오(단, 분할무게×3을 1개의 식빵으로 함).
4. 반죽은 전량을 사용하여 성형하시오.

✎ 믹싱 전 해야 할 일 & 재료 투입 순서

1. 이스트는 물에 용해 또는 잘게 다지기
2. 가루 재료(강력분, 제빵개량제, 탈지분유)→ 설탕, 소금→ 이스트 용해액 또는 이스트→물

1 유지를 제외한 모든 재료를 믹서볼에 넣고 저속으로 믹싱한 후, 반죽이 한 덩이가 되는 클린업 단계에서 유지를 투입하여 저속 또는 중속으로 믹싱한다.

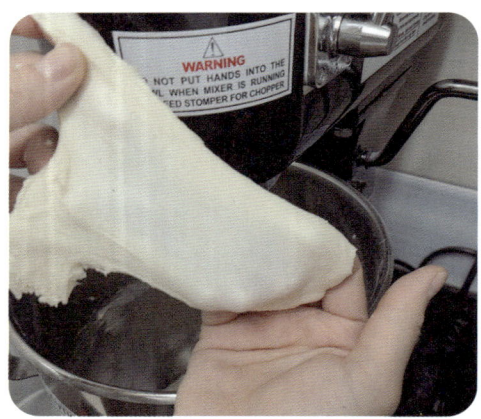

2 유지가 다 섞이면 중속 또는 고속으로 믹싱하여 최종 단계 후기 상태의 반죽을 만든다(반죽온도 30 ±1℃, 비상 반죽법이므로 믹싱을 기존의 20~25%를 더 하여 반죽온도를 높이고 더 늘어나는 상태를 만든다.).

3 비닐을 덮어 온도 30℃, 습도 75~80%의 발효실에서 15~30분간 1차 발효를 한다.

4 170g씩 분할한 후, 둥글리기를 하고, 비닐을 덮어 실온에서 약 10~15분간 중간발효 한다.

5 밀대를 이용하여 밀어펴서 가스를 뺀 후, 반죽을 뒤집어 3겹 접기하여 살짝 눌러준다.

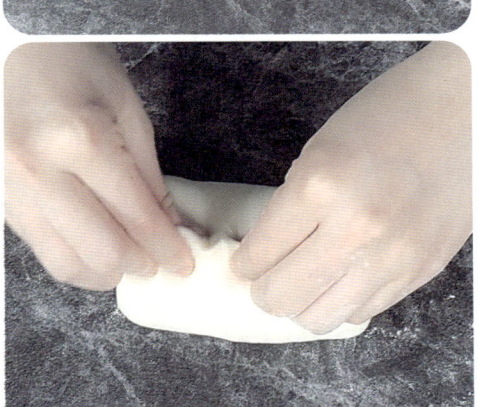

6 양 가 위쪽 끝부분을 안쪽으로 살짝 집은 후, 돌돌 말아준 후, 이음매 부분을 일자로 꼬집듯이 봉합한다(위에서 아래로 말든 아래에서 위로 말든 상관없이 양손의 힘이 같도록 하여 말아준다.)

7 말린 달팽이 모양이 같은 방향으로 하고, 봉합이 가운데로 오게끔 하여 반죽 3개씩 한 틀에 팬닝하고, 살짝 눌러준다(식빵틀 4개).

8 온도 35~40℃, 습도 85~90%의 발효실에서 틀 위 0.5cm 정도 올라올 때까지 약 30분간 2차 발효를 한다(틀 4개의 발효가 조금씩 차이가 있으므로 틀 2개 정도만 0.5cm 정도 올라오면 나머지 틀을 기다리지 말고 다 오븐에 넣는다.).

9 윗불 170℃, 아랫불 180℃에서 약 30분 전후로 굽기를 한다.

10 오븐에서 꺼낸 즉시 작업대에 펀칭하고, 틀을 제거 한 후, 냉각팬 위에 위생지를 깔고, 제출한다.

✎ 제품 평가

1. 삼봉이 일정하고, 옆면과 윗면의 색상이 균일해야 한다.
2. 세 덩이가 같은 부피를 차지하고 있으며, 브레이크 슈레드가 있어야 한다.
3. 봉합이 돌아가거나 옆면이나 윗면이 찢어짐이 없어야 한다.

✎ 스트레이트법을 비상스트레이트법으로 변경할 때 필수 조치사항

1. 물 1% 증가
2. 이스트 2배 증가
3. 설탕 1% 감소
4. 반죽온도 27℃ → 30℃
5. 1차 발효시간 감소
6. 믹싱시간 20 ~ 25% 증가

⁉ 많이 하는 질문 BEST

Q 브레이크 슈레드가 없습니다.

A 2차 발효가 너무 부족했거나, 너무 과할 경우 없으므로 발효를 적합하게 해야 합니다.

우유식빵

우유를 넣어 반죽하여 더 담백하고 쫄깃한 식빵이다.

⏱ 시험 시간 : 3시간 40분

✎ 요구사항

우유식빵을 제조하여 제출하시오.

비율(%)	재료명	무게(g)
100	강력분	1200
40	우유	480
29	물	348
4	이스트	48
1	제빵개량제	12
2	소금	24
5	설탕	60
4	쇼트닝	48
185	계	2,220

1. 배합표의 각 재료를 계량하여 재료별로 진열하시오(8분).

- 재료계량(재료당 1분)→[감독위원 계량확인]→작품제조 및 정리정돈(전체시험시간－재료계량시간)
- 재료계량 시간 내에 계량을 완료하지 못하여 시간이 초과된 경우 및 계량을 잘못한 경우는 추가의 시간 부여 없이 작품제조 및 정리정돈 시간을 활용하여 요구사항의 무게대로 계량
- 달걀의 계량은 감독위원이 지정하는 개수로 계량

2. 반죽은 스트레이트법으로 제조하시오(단, 유지는 클린업 단계에 첨가하시오.).
3. 반죽 온도는 27℃를 표준으로 하시오.
4. 표준분할무게는 180g으로 하고, 제시된 팬의 용량을 감안하여 결정하시오(단, 분할무게×3을 1개의 식빵으로 함).
5. 반죽은 전량을 사용하여 성형하시오.

✎ 믹싱 전 해야 할 일 & 재료 투입 순서

1. 이스트는 물에 용해 또는 잘게 다지기
2. 가루 재료(강력분, 제빵개량제)→설탕, 소금→이스트 용해액 또는 이스트→물, 우유

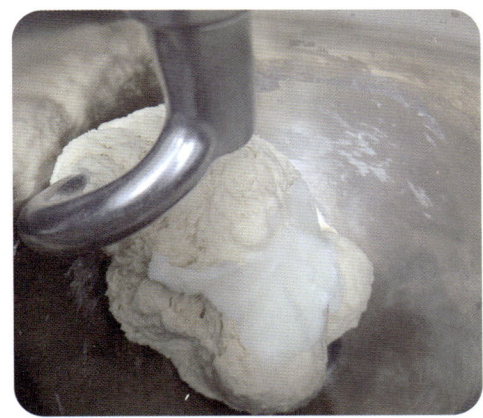

1 유지를 제외한 모든 재료를 믹서볼에 넣고 저속으로 믹싱한 후, 반죽이 한 덩이가 되는 클린업 단계에서 유지를 투입하여 저속 또는 중속으로 믹싱한다.

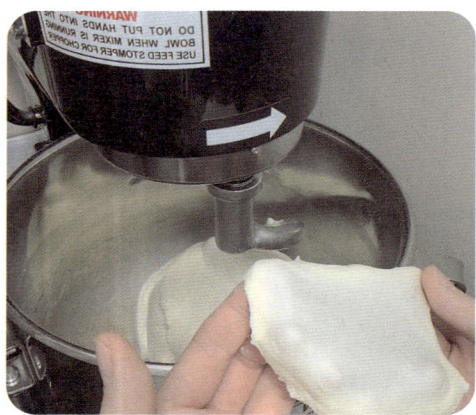

2 유지가 다 섞이면 중속 또는 고속으로 믹싱하여 매끈하고 윤기있는 최종 단계 상태의 반죽을 만든다(반죽온도 27±1℃).

3 비닐을 덮어 온도 27℃, 습도 75~80%의 발효실에서 40분 전후로 1차 발효를 한다.

4 180g씩 분할한 후, 둥글리기를 하고, 비닐을 덮어 실온에서 약 10~15분간 중간발효 한다.

5 밀대를 이용하여 밀어펴서 가스를 뺀 후, 반죽을 뒤집어 3겹 접기하여 살짝 눌러준다.

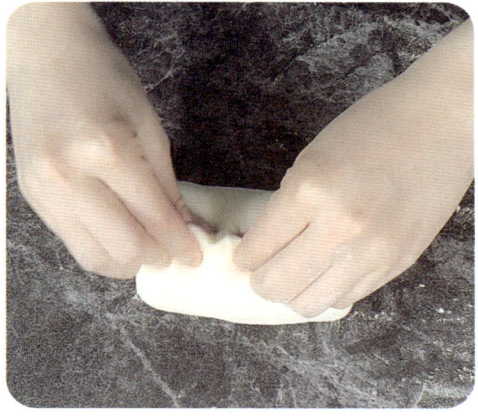

6 양 가 위쪽 끝부분을 안쪽으로 살짝 집은 후 돌돌 말아준 다음, 이음매 부분을 일자로 꼬집듯이 봉합
한다(위에서 아래로 말든 아래에서 위로 말든 상관없이 양손의 힘이 같도록 하여 말아준다.).

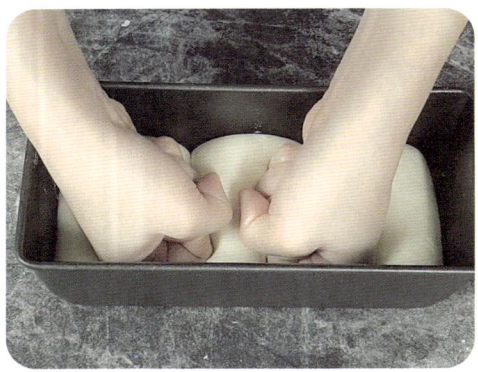

7 말린 달팽이 모양이 같은 방향으로 하고, 봉합이 가운데로 오게끔 하여 반죽 3개씩 한 틀에 팬닝하고, 살짝 눌러준다(식빵틀 4개).

8 온도 35~40℃, 습도 85~90%의 발효실에서 틀 위 0.5cm 정도 올라올 때까지 약 30분간 2차 발효를 한다(틀 4개의 발효가 조금씩 차이가 있으므로 틀 2개 정도만 0.5cm정도 올라오면 나머지 틀을 기다리지 말고 다 오븐에 넣는다.).

9 윗불 170℃, 아랫불 180℃에서 약 30분 전후로 굽기를 한다.

10 오븐에서 꺼낸 즉시 작업대에 펀칭하고, 틀을 제거한 후, 냉각팬 위에 위생지를 깔고, 제출한다.

✎ 제품 평가

1. 삼봉이 일정하고, 옆면과 윗면의 색상이 균일해야 한다.
2. 세 덩이가 같은 부피를 차지하고 있으며, 브레이크 슈레드가 있어야 한다.
3. 봉합이 돌아가거나 옆면이나 윗면이 찢어짐이 없어야 한다.

!? 많이 하는 질문 BEST

Q 반죽 윗면 사이가 벌어졌어요.

A 봉합 부분이 돌아갔거나, 같은 방향이 아닐 경우입니다. 또는 말기 시 힘을 너무 주어 말았거나 믹싱이 부족해도 그런 현상이 생길 수가 있습니다.

옥수수식빵

찰옥수수 분말을 사용하여 만든 고소한 식빵이다.

⏱ 시험 시간 : 3시간 40분

✎ 요구사항

옥수수식빵을 제조하여 제출하시오.

비율(%)	재료명	무게(g)
80	강력분	960
20	옥수수분말	240
60	물	720
3	이스트	36
1	제빵개량제	12
2	소금	24
8	설탕	96
7	쇼트닝	84
3	탈지분유	36
5	달걀	60
189	계	2,268

1. 배합표의 각 재료를 계량하여 재료별로 진열하시오(10분).

   - 재료계량(재료당 1분)→[감독위원 계량확인]→작품제조 및 정리정돈(전체시험시간 – 재료계량시간)
   - 재료계량 시간 내에 계량을 완료하지 못하여 시간이 초과된 경우 및 계량을 잘못한 경우는 추가의 시간 부여 없이 작품제조 및 정리정돈 시간을 활용하여 요구사항의 무게대로 계량
   - 달걀의 계량은 감독위원이 지정하는 개수로 계량

2. 반죽은 스트레이트법으로 제조하시오(단, 유지는 클린업 단계에서 첨가 하시오.).
3. 반죽 온도는 27℃를 표준으로 하시오.
4. 표준분할무게는 180g으로 하고, 제시된 팬의 용량을 감안하여 결정하시오(단, 분할무게×3을 1개의 식빵으로 함).
5. 반죽은 전량을 사용하여 성형하시오.

✎ 믹싱 전 해야 할 일 & 재료 투입 순서

1. 이스트는 물에 용해 또는 잘게 다지기
2. 가루 재료(강력분, 옥수수분말, 제빵개량제, 탈지분유)→설탕, 소금→이스트 용해액 또는 이스트→물, 달걀

1 유지를 제외한 모든 재료를 믹서볼에 넣고 저속으로 믹싱한 후, 반죽이 한 덩이가 되는 클린업 단계에서 유지를 투입하여 저속 또는 중속으로 믹싱한다.

2 유지가 다 섞이면 중속 또는 고속으로 믹싱하여 발전 단계 후기 상태의 반죽을 만든다(반죽온도 27 ±1℃, 옥수수 분말은 글루텐을 만들기 어려워 힘이 없기 때문에 믹싱을 90%만 하여, 반죽에 탄력성을 준다.).

3 비닐을 덮어 온도 27℃, 습도 75~80%의 발효실에서 40분 전후로 1차 발효를 한다.

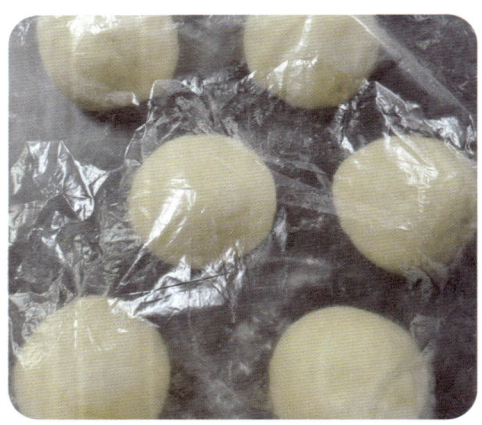

4 180g씩 분할한 후, 둥글리기를 하고, 비닐을 덮어 실온에서 약 10~15분간 중간발효 한다.

5 밀대를 이용하여 밀어펴서 가스를 뺀 후, 반죽을 뒤집어 3겹 접기하여 살짝 눌러준다.

6 양 가 위쪽 끝부분을 안쪽으로 살짝 집은 후, 돌돌 말아준 뒤 이음매 부분을 일자로 꼬집듯이 봉합한다(위에서 아래로 말든 아래에서 위로 말든 상관없이 양손의 힘이 같도록 하여 말아준다.).

7 말린 달팽이 모양이 같은 방향으로 하고, 봉합이 가운데로 오게끔 하여 반죽 3개씩 한 틀에 팬닝하고, 살짝 눌러준다(식빵틀 4개).

8 온도 35~40℃, 습도 85~90%의 발효실에서 틀 위 0.5cm 정도 올라올 때까지 약 30분간 2차 발효를 한다(틀 4개의 발효가 조금씩 차이가 있으므로 틀 2개 정도만 0.5cm 정도 올라오면 나머지 틀을 기다리지 말고 다 오븐에 넣는다.).

9 윗불 170℃, 아랫불 180℃에서 약 30분 전후로 굽기를 한다.

10 오븐에서 꺼낸 즉시 작업대에 펀칭하고, 틀을 제거 한 후, 냉각팬 위에 위생지를 깔고, 제출한다.

✎ 제품 평가

1. 삼봉이 일정하고, 옆면과 윗면의 색상이 균일해야 한다.
2. 세 덩이가 같은 부피를 차지하고 있으며, 브레이크 슈레드가 있어야 한다.
3. 봉합이 돌아가거나 옆면이나 윗면이 찢어짐이 없어야 한다.

⁉ 많이 하는 질문 BEST

Q 반죽이 너무 질어요.

A 제빵에 사용하는 옥수수 가루는 찰옥수수 가루(알파콘)를 사용하는데, 글루텐을 만드는 능력이 부족하여 반죽이 질고 축 쳐집니다. 그렇기 때문에 탄력성이 가장 강한 발전단계까지 믹싱을 하는 것이 좋으나, 옥수수 가루 특성상 퍼석퍼석한 식감을 조금 더 개선시키려면 발전단계 후기까지 믹싱을 하는 것이 좋습니다.

쌀식빵

쌀가루를 넣어 반죽한 담백한 식빵이다.

🕑 시험 시간 : 3시간 40분

✎ 요구사항

쌀식빵을 제조하여 제출하시오.

1. 배합표의 각 재료를 계량하여 재료별로 진열하시오(9분).

- 재료계량(재료당 1분)→[감독위원 계량확인]→작품제조 및 정리정돈(전체시험시간-재료계량시간)
- 재료계량 시간 내에 계량을 완료하지 못하여 시간이 초과된 경우 및 계량을 잘못한 경우는 추가의 시간 부여 없이 작품제조 및 정리정돈 시간을 활용하여 요구사항의 무게대로 계량
- 달걀의 계량은 감독위원이 지정하는 개수로 계량

2. 반죽은 스트레이트법으로 제조하시오. (단, 유지는 클린업 단계에서 첨가하시오.)

3. 반죽 온도는 27℃를 표준으로 하시오.

4. 표준분할무게는 198g으로 하고, 제시된 팬의 용량을 감안하여 결정하시오. (단, 분할무게×3을 1개의 식빵으로 함)

5. 반죽은 전량을 사용하여 성형하시오.

비율(%)	재료명	무게(g)
70	강력분	910
30	쌀가루	390
63	물	819(820)
3	이스트	39(40)
1.8	소금	23.4(24)
7	설탕	91(90)
5	쇼트닝	65(66)
4	탈지분유	52
2	제빵개량제	26
185.8	계	2,415.4 (2,418)

✎ 믹싱 전 해야 할 일 & 재료 투입 순서

1. 이스트는 물에 용해 또는 잘게 다지기
2. 가루 재료(강력분, 쌀가루, 제빵개량제, 탈지분유)→설탕, 소금→이스트 용해액 또는 이스트→물

1 유지를 제외한 모든 재료를 믹서볼에 넣고 저속으로 믹싱한 후, 반죽이 한 덩이가 되는 클린업 단계에서 유지를 투입하여 저속 또는 중속으로 믹싱한다.

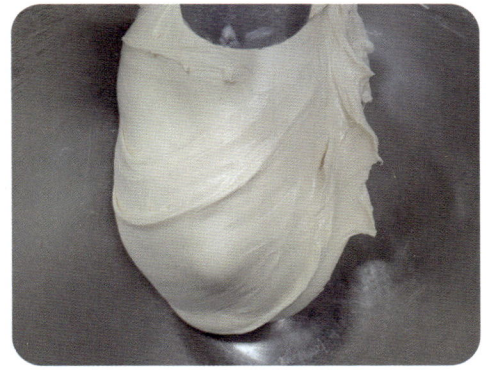

2 유지가 다 섞이면 중속 또는 고속으로 믹싱하여 최종 단계 상태의 반죽을 만든다(반죽온도 27±1℃).

*사진 출처 : 제과제빵 '최지혜'선생님

3 비닐을 덮어 온도 27℃, 습도 75~80%의 발효실에서 40분 전후로 1차 발효를 한다.

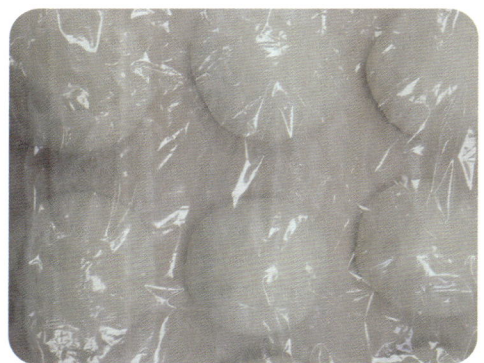

4 198g씩 분할한 후, 둥글리기를 하고, 비닐 덮어 실온에서 약 10~15분간 중간발효 한다.

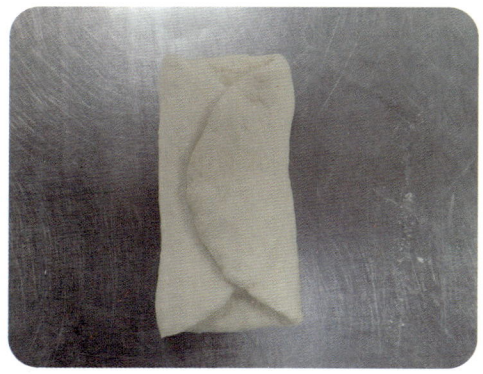

5 밀대를 이용하여 밀어 펴서 가스를 뺀 후, 반죽을 뒤집어 3겹 접기 하여 살짝 눌러준다.

*사진 출처 : 제과제빵 '최지혜'선생님

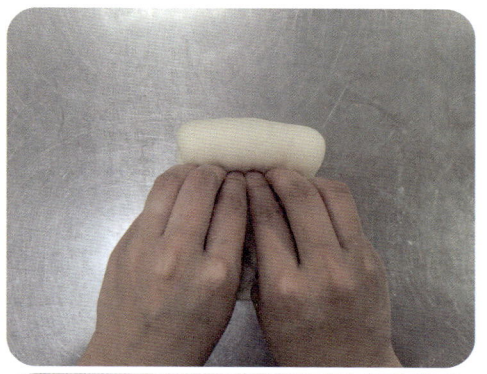

6 양 가 위쪽 끝부분을 안쪽으로 살짝 집은 후, 돌돌 말아준 후, 이음매 부분을 일자로 꼬집듯이 봉합한다(위에서 아래로 말든 아래에서 위로 말든 상관없이 양손의 힘이 같도록 하여 말아준다.).

7 말린 달팽이 모양이 같은 방향으로 하고, 봉합이 가운데로 오게끔 하여 반죽 3개씩 한 틀에 팬닝하고, 살짝 눌러준다(식빵틀 4개).

*사진 출처 : 제과제빵 '최지혜'선생님

⑧ 온도 35~40℃, 습도 85~90%의 발효실에서 틀 위 0.5cm 정도 올라올 때까지 약 30분간 2차 발효를 한다(틀 4개의 발효가 조금씩 차이가 있으므로 틀 2개 정도만 0.5cm 정도 올라오면 나머지 틀을 기다리지 말고 다 오븐에 넣는다.).

⑨ 윗불 170℃, 아랫불 180℃에서 약 30분 전후로 굽기를 한다.

⑩ 오븐에서 꺼낸 즉시 작업대에 펀칭하고, 틀을 제거한 후, 냉각팬 위에 위생지를 깔고, 제출한다.

✎ 제품 평가

1. 삼봉이 일정하고, 옆면과 윗면의 색상이 균일해야 한다.
2. 세 덩이가 같은 부피를 차지하고 있으며, 브레이크 슈레드가 있어야 한다.
3. 봉합이 돌아가거나 옆면이나 윗면이 찢어짐이 없어야 한다.

⁉️ 많이 하는 질문 BEST

Q 쌀가루도 글루텐이 부족할 텐데 왜 발전 단계가 아닌 최종 단계까지 믹싱하나요?

A 쌀가루 자체는 글루텐을 만들기 어렵지만, 제과제빵용에 사용되는 쌀가루는 글루텐이 들어있는 강력쌀가루를 사용하므로 최종 단계까지 믹싱합니다.

*사진 출처 : 제과제빵 '최지혜'선생님

풀만식빵

샌드위치용 식빵으로 사각틀에 뚜껑을 덮어 구워 만든다.

시험 시간 : 3시간 40분

✎ 요구사항

풀만식빵을 제조하여 제출하시오.

1. 배합표의 각 재료를 계량하여 재료별로 진열하시오(9분).

> • 재료계량(재료당 1분)→[감독위원 계량확인]→작품제조 및 정리정돈(전체시험시간 - 재료계량시간)
> • 재료계량 시간 내에 계량을 완료하지 못하여 시간이 초과된 경우 및 계량을 잘못한 경우는 추가의 시간 부여 없이 작품제조 및 정리정돈 시간을 활용하여 요구사항의 무게대로 계량
> • 달걀의 계량은 감독위원이 지정하는 개수로 계량

2. 반죽은 스트레이트법으로 제조하시오(단, 유지는 클린업 단계에 첨가하시오.).
3. 반죽 온도는 27℃를 표준으로 하시오.
4. 표준분할무게는 250g으로 하고, 제시된 팬의 용량을 감안하여 결정하시오(단, 분할무게×2를 1개의 식빵으로 함).
5. 반죽은 전량을 사용하여 성형하시오.

비율(%)	재료명	무게(g)
100	강력분	1400
58	물	812
4	이스트	56
1	제빵개량제	14
2	소금	28
6	설탕	84
4	쇼트닝	56
5	달걀	70
3	분유	42
183	계	2,562

✎ 믹싱 전 해야 할 일 & 재료 투입 순서

1. 이스트는 물에 용해 또는 잘게 다지기
2. 가루 재료(강력분, 제빵개량제, 분유)→설탕, 소금→이스트 용해액 또는 이스트→물, 달걀

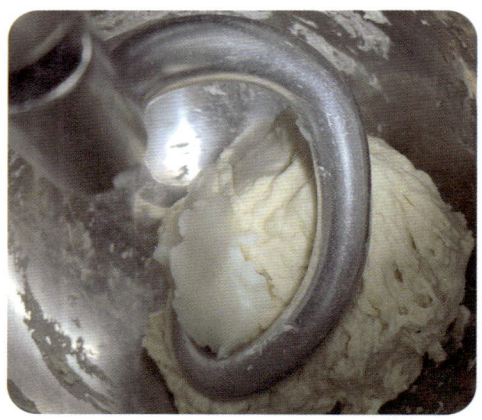

❶ 유지를 제외한 모든 재료를 믹서볼에 넣고 저속으로 믹싱한 후, 반죽이 한 덩이가 되는 클린업 단계에서 유지를 투입하여 저속 또는 중속으로 믹싱한다.

2 유지가 다 섞이면 중속 또는 고속으로 믹싱하여 매끈하고 윤기있는 최종 단계 상태의 반죽을 만든다(반죽온도 27±1℃).

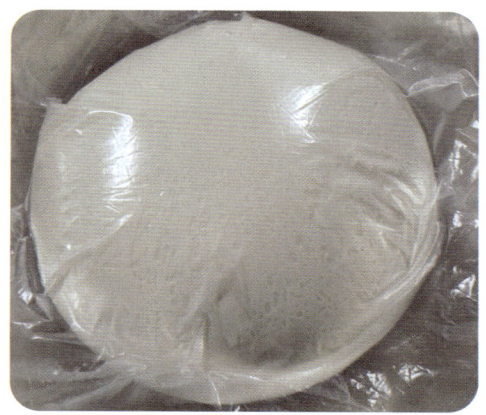

3 비닐을 덮어 온도 27℃, 습도 75~80%의 발효실에서 40분 전후로 1차 발효를 한다.

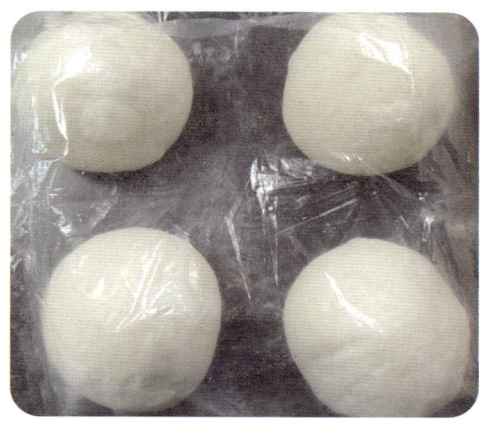

4 250g씩 분할한 후, 둥글리기를 하고, 비닐을 덮어 실온에서 약 10~15분간 중간발효 한다.

5 밀대를 이용하여 밀어펴서 가스를 뺀 후, 반죽을 뒤집어 세로로 3겹 접기하여 살짝 눌러준다.

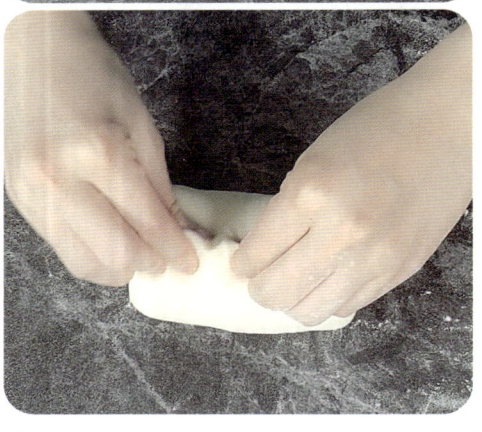

6 양 가 위쪽 끝부분을 안쪽으로 살짝 집은 후, 돌돌 말아준 후, 이음매 부분을 일자로 꼬집듯이 봉합한다(위에서 아래로 말든 아래에서 위로 말든 상관없이 양손의 힘이 같도록 하여 말아주며 식빵 틀의 세로길이와 반죽의 길이를 같도록 한다.).

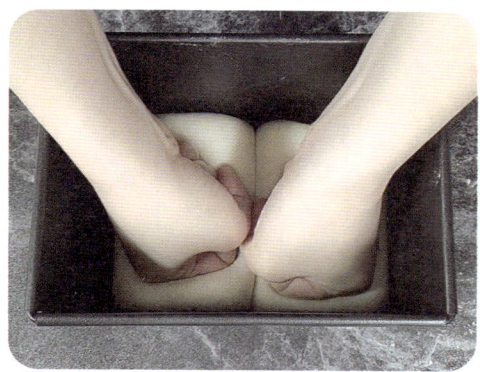

7 말린 달팽이 모양이 같은 방향으로 하고, 봉합이 가운데로 오게끔 하여 반죽 2개씩 한 틀에 팬닝하고, 살짝 눌러준다(식빵틀 5개).

8 온도 35~40℃, 습도 85~90%의 발효실에서 틀 아래 2cm 정도 올라올 때까지 약 30분간 2차 발효를 하고 뚜껑을 덮는다(뚜껑을 덮어 실온에 5분 정도 놔둔 후, 오븐에 넣어도 된다.).

9 윗불 170℃, 아랫불 180℃에서 35~40분 정도 굽기를 한다.

10 오븐에서 꺼낸 즉시 작업대에 펀칭하고, 틀을 제거 한 후 뒤집은 채로 살짝 식힌 뒤 제출 시, 냉각팬 위에 위생지를 깔고, 다시 윗면이 위로 보이게 하여 제출한다.

✎ 제품 평가

1. 두 덩이의 부피가 일정하고, 옆면과 윗면의 색상이 균일해야 한다.
2. 윗면이 직각에 가까운 사각모양이다.
3. 봉합이 돌아가거나 옆면이나 윗면이 찢어짐이 없어야 한다.

⁉ 많이 하는 질문 BEST

Q 뚜껑을 덮어서 색깔을 볼 수 없는데 어떻게 굽나요?

A 굽기 중에 팬 위치를 바꿔 전체 제품의 색깔이 황금갈색이 나도록 균일하게 굽습니다. 중간에 뚜껑을 열어 윗 색을 확인하는 방법이 있으나, 윗면 색이 아직 나지 않으면 뚜껑이 열리지 않기 때문에 윗 색을 확인하는 방법은 시간이 어느 정도 지나서 확인하는 것이 좋습니다.

Q 팬에 기름칠을 꼭 해야 하나요?

A 코팅이 벗겨진 팬은 반드시 기름칠을 하시는게 좋으며, 그게 아니라면 안해도 문제는 없습니다. 그러나 뚜껑밑면에 기름칠을 해준다면 구웠을 때 팬에서 잘 분리가 됩니다.

버터톱식빵

반죽을 크게 분할해서 성형하는 원 로프(one loaf)형태로 버터가 많이 들어가고,
윗면에 칼집을 내어 버터를 짜 넣은 부드러운 식빵이다.

시험 시간 : 3시간 30분

✎ 요구사항

버터톱식빵을 제조하여 제출하시오.

1. 배합표의 각 재료를 계량하여 재료별로 진열하시오(9분).

- 재료계량(재료당 1분)→[감독위원 계량확인]→작품제조 및 정리정돈(전체시험시간 – 재료계량시간)
- 재료계량 시간 내에 계량을 완료하지 못하여 시간이 초과된 경우 및 계량을 잘못한 경우는 추가의 시간 부여 없이 작품제조 및 정리정돈 시간을 활용하여 요구사항의 무게대로 계량
- 달걀의 계량은 감독위원이 지정하는 개수로 계량

2. 반죽은 스트레이트법으로 만드시오(단, 유지는 클린업 단계에서 첨가하시오.).
3. 반죽온도는 27℃를 표준으로 하시오.
4. 분할무게 460g 짜리 5개를 만드시오(한덩이 : one loaf).
5. 윗면을 길로 자르고 버터를 짜 넣는 형태로 만드시오.
6. 반죽은 전량을 사용하여 성형하시오.

비율(%)	재료명	무게(g)
100	강력분	1200
40	물	480
4	이스트	48
1	제빵개량제	12
1.8	소금	21.6(22)
6	설탕	72
20	버터	240
3	탈지분유	36
20	달걀	240
195.8	계	2,349.6 (2350)
✔ 계량시간에서 제외		
5	버터 (바르기용)	60

✎ 믹싱 전 해야 할 일 & 재료 투입 순서

1. 이스트는 물에 용해 또는 잘게 다지기
2. 가루 재료(강력분, 제빵개량제, 탈지분유)→설탕, 소금→이스트 용해액 또는 이스트→물, 달걀

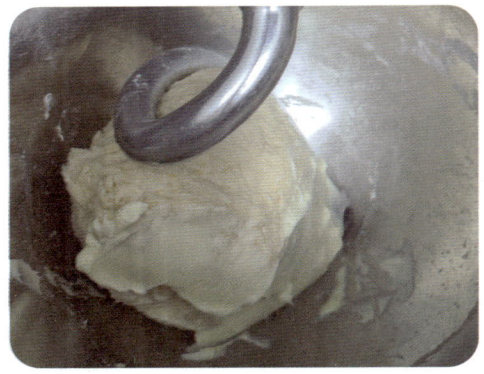

1 유지를 제외한 모든 재료를 믹서볼에 넣고 저속으로 믹싱한 후, 반죽이 한 덩이가 되는 클린업 단계에서 유지를 투입하여 저속 또는 중속으로 믹싱한다(버터양이 많기 때문에 2회 나누어 투입하면 벽면에 많이 묻지 않고 잘 섞인다.).

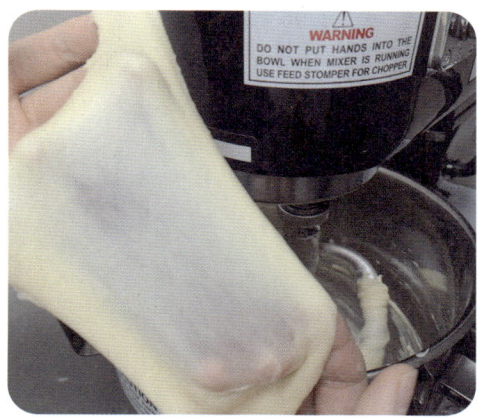

❷ 유지가 다 섞이면 중속 또는 고속으로 믹싱하여 매끄하고 윤기있는 최종 단계 상태의 반죽을 만든다(반죽온도 27±1℃).

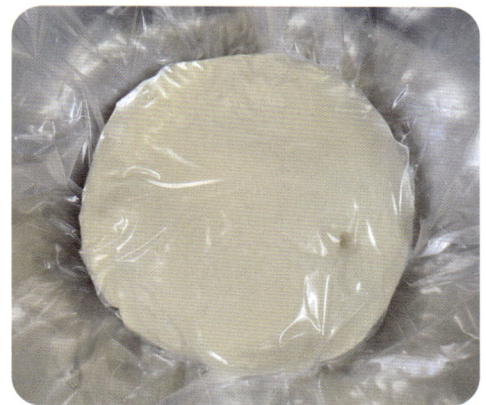

❸ 비닐을 덮어 온도 27℃, 습도 75~80%의 발효실에서 40분 전후로 1차 발효를 한다.

❹ 460g씩 분할한 후, 둥글리기를 하고 비닐을 덮어 실온에서 약 15~20분간 중간발효 한다.

5 밀대를 이용하여 밀어펴서 가스를 뺀 후, 반죽을 뒤집어 아랫부분은 봉합을 편하게 하기 위하여 일자로 잡아준 후, 위에서 아래로 원 로프형으로 말아주고, 이음매 부분을 일자로 꼬집듯이 봉합한다(밀어펴기 두께가 두꺼우면 윗면 칼집을 냈을 때, 볼록하게 올라오지 않으므로 0.8cm 두께가 좋으며, 말았을 때, 식빵 틀의 가로 길이를 넘지 않도록 주의한다.).

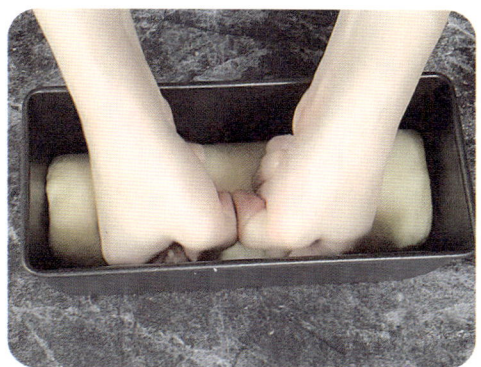

6 봉합이 가운데로 오게끔 하여 팬닝하고, 살짝 눌러준다(식빵틀 5개).

7 온도 35~40℃, 습도 85~90%의 발효실에서 틀 아래 2~2.5cm 정도 올라올 때까지 약 30분간 2차 발효를 하고, 2차 발효하는 동안에는 짤주머니에 바르기용 버터를 넣고 앞부분 0.5cm 정도 잘라서 준비한다(버터가 딱딱할 경우 짤주머니에 넣어, 손으로 비벼서 부드럽게 풀어준다.).

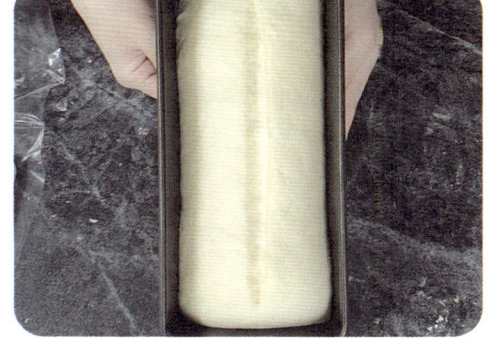

8 발효된 반죽 윗면에 양가 1cm를 제외하고 0.5cm 깊이(한 겹 반 정도)로 칼집을 낸 후, 버터를 한 줄 짜준다(발효실에서 나온 반죽은 습기로 인하여 반죽 표면이 끈적이므로 살짝 말린 후, 칼집을 내면 더 깔끔하다. 반죽 밀어펴기 시, 두껍게 밀었을 경우에는 0.5cm보다 더 깊게 칼집을 내야 구웠을 때, 볼록하게 올라온다. 버터를 두껍게 또는 두 줄 이상으로 짜게 되면 굽기 시 흘러넘쳐 탄내를 유발할 수 있으므로 주의한다.).

9 윗불 170℃, 아랫불 180℃에서 30분 전후로 굽기를 한다.

10 오븐에서 꺼낸 즉시 작업대에 펀칭하고, 틀을 제거한 후, 냉각팬 위에 위생지를 깔고, 제출한다.

✎ 제품 평가

1. 윗면이 둥그스름하며 일정하게 터져야 한다.
2. 옆면 색상까지 황금빛 갈색으로 잘 나야 한다.

⁉ 많이 하는 질문 BEST

Q 굽기 후, 찌그러졌어요.

A 옆면 색이 약하면 쉽게 찌그러집니다. 그러므로 색을 확실하게 내주며, 윗면을 많이 텄을 경우에도 옆면이 쉽게 찌그러지므로 너무 많이 트지 않도록 주의해야 합니다.

Q 윗면 칼집 부분이 봉긋하게 터지지 않았어요.

A 2차 발효가 부족하거나, 윗면을 너무 얇게 텄을 경우에 봉긋하게 터지지 않습니다. 윗면을 제대로 텄음에도 봉긋하게 터지지 않았다면, 밀어펴기 시 두께가 두꺼웠을 수 있습니다.

밤식빵

당절임이 된 밤을 식빵 속에 넣고, 윗면은 달고 바삭한
비스킷 토핑을 짜서 만든 부드럽고 촉촉한 식빵이다.

⏱ 시험 시간 : 3시간 40분

✎ 요구사항

밤식빵을 제조하여 제출하시오.

1. 반죽 재료를 계량하여 재료별로 진열하시오(10분).

- 재료계량(재료당 1분)→[감독위원 계량확인]→작품제조 및 정리정돈(전체시험시간 – 재료계량시간)
- 재료계량 시간 내에 계량을 완료하지 못하여 시간이 초과된 경우 및 계량을 잘못한 경우는 추가의 시간 부여 없이 작품제조 및 정리정돈 시간을 활용하여 요구사항의 무게대로 계량
- 달걀의 계량은 감독위원이 지정하는 개수로 계량

2. 반죽은 스트레이트법으로 제조하시오.
3. 반죽온도는 27℃를 표준으로 하시오.
4. 분할무게는 450g으로 하고, 성형시 450g의 반죽에 80g의 통조림 밤을 넣고 정형하시오(한 덩이 : one loaf).
5. 토핑물을 제조하여 굽기 전에 토핑하고 아몬드를 뿌리시오.
6. 반죽은 전량을 사용하여 성형하시오.

반죽		
비율(%)	재료명	무게(g)
80	강력분	960
20	중력분	240
52	물	624
4.5	이스트	54
1	제빵개량제	12
2	소금	24
12	설탕	144
8	버터	96
3	탈지분유	36
10	달걀	120
192.5	계	2,310

토핑		
비율(%)	재료명	무게(g)
100	마가린	100
60	설탕	60
2	베이킹파우더	2
60	달걀	60
100	중력분	100
50	아몬드슬라이스	50
372	계	372
35	밤다이스 (시럽 제외)	420

✓ 충전용 재료는 계량시간에서 제외

✎ 믹싱 전 해야 할 일 & 재료 투입 순서

1. 이스트는 물에 용해 또는 잘게 다지기
2. 가루 재료(강력분, 중력분, 제빵개량제, 탈지분유)→설탕, 소금→이스트 용해액 또는 이스트→물, 달걀

1 유지를 제외한 모든 재료를 믹서볼에 넣고 저속으로 믹싱한 후, 반죽이 한 덩이가 되는 클린업 단계에서 유지를 투입하여 저속 또는 중속으로 믹싱한다.

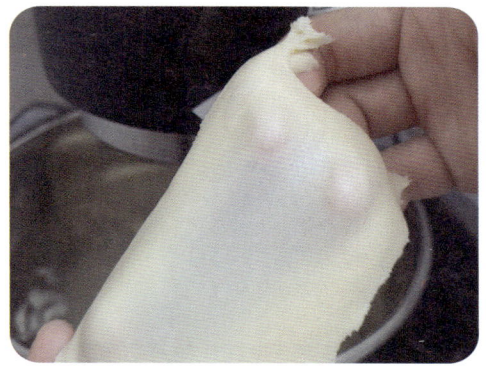

2 유지가 다 섞이면 중속 또는 고속으로 믹싱하여 매끈하고 윤기있는 최종 단계 상태의 반죽을 만든다(반죽온도 27±1℃).

3 비닐을 덮어 온도 27℃, 습도 75~80%의 발효실에서 40분 전후로 1차 발효를 한다.

4 1차 발효하는 동안에 당절임 밤을 계량하고, 토핑 재료를 계량한다(당절임 밤은 시럽이 많으면 굽고 났을 때, 공간이 뜰 수 있으므로 시럽이 많을 경우에는 체에 받쳐 시럽을 제거한다.).

5 중력분과 베이킹파우더는 체질하고, 마가린은 스텐볼에 넣어 거품기로 부드럽게 풀어준다.

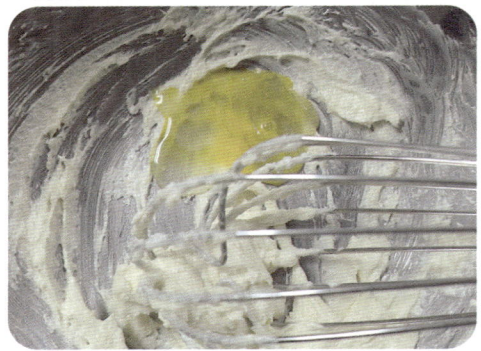

6 설탕을 3회 나누어 투입하여 크림화(양이 많아지고, 색이 연해지고, 부드러운 느낌)를 시킨 후, 달걀을 풀어서 3회 정도 나누어 투입하여 분리가 나지 않도록 믹싱하여 크림상태를 만든다.

7 체질한 가루재료를 넣어 고무주걱으로 가루가 보이지 않을 때까지 자르듯이 혼합하여 납작톱니깍지(물결깍지)를 끼운 짤주머니에 담아 준비한다.

8 1차 발효가 끝난 반죽 450g씩 분할한 후, 둥글리기를 하고, 비닐을 덮어 실온에서 약 15~20분간 중간발효 한다.

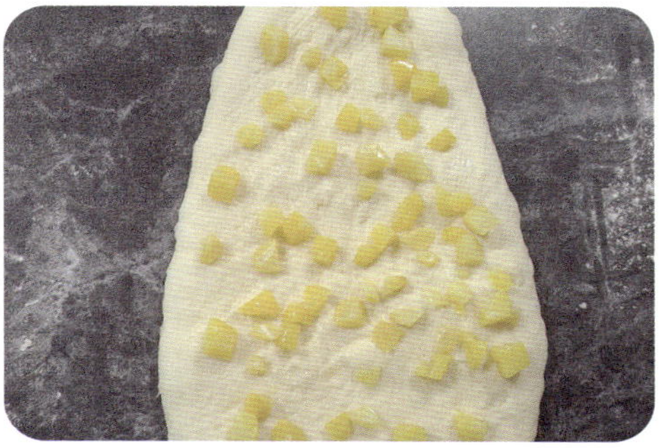

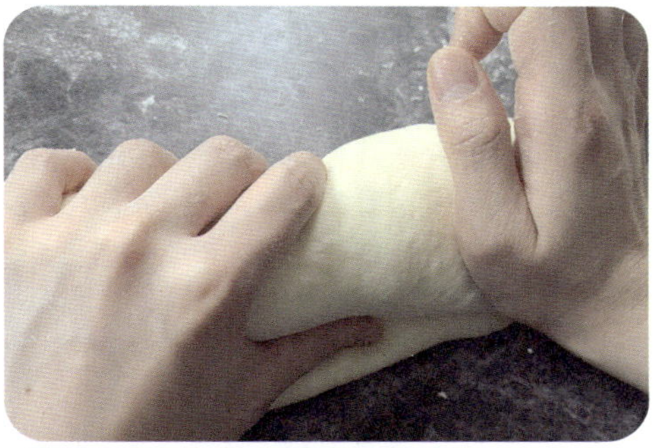

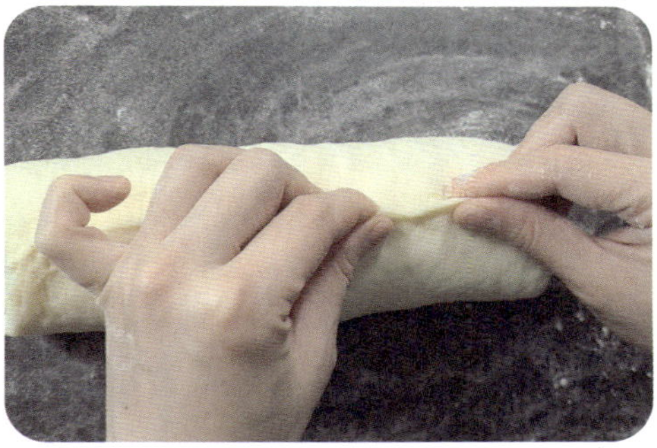

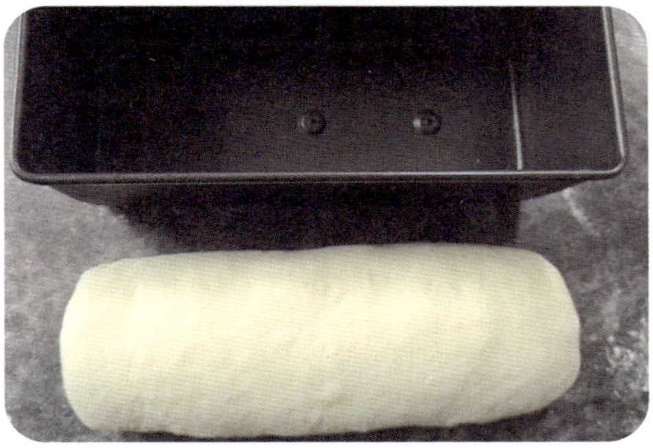

9 밀대를 이용하여 밀어펴서 가스를 뺀 후, 반죽을 뒤집어 아랫부분은 봉합을 편하게 하기 위하여 일자로 잡아준 후,밤 80g을 골고루 올리고 위에서 아래로 원 로프형으로 말아주고, 이음매 부분을 일자로 꼬집듯이 봉합한다(밀어펴기 두께가 얇으면 구웠을 때, 밤이 터져 나올 수 있으니 두께는 0.8~1cm가 좋다. 말았을 때, 식빵 틀의 가로 길이를 넘지 않도록 주의한다.).

10 봉합이 가운데로 오게끔 하여 팬닝하고, 밤이 터질 수 있으니 주의하여 아주 살짝 눌러준다(식빵틀 5개).

11 온도 35~40℃, 습도 85~90%의 발효실에서 틀 아래 2.5~3cm 정도 올라올 때까지 약 25분간 2차 발효를 한다(버터톱 식빵보다 조금 더 낮게 발효하는 이유는 윗면에 충전물을 짜고 아몬드 슬라이스를 올리는 시간이 많이 소요될 수 있기 때문이다. 성형속도가 빠른 편이라면 버터톱 식빵처럼 2~2.5cm까지 발효시켜도 된다.).

12 2차 발효가 끝난 반죽 윗면에 깍지 사이즈에 맞추어 4줄 또는 5줄로 겹치지 않고, 너무 두껍지 않게 토핑물을 짜주고, 아몬드 슬라이스를 겹치지 않게 뿌리고, 토핑에 잘 붙도록 살짝 눌러준다(깨지지 않은 아몬드 슬라이스 위주로 골고루 올려준다.).

🔢 윗불 170℃, 아랫불 180℃에서 30분 전후로 굽기를 한다.

🔢 오븐에서 꺼낸 즉시 아몬드 슬라이스가 떨어지지 않게끔 하여 작업대에 살짝 펀칭하고, 틀을 제거한 후, 냉각팬 위에 위생지를 깔고, 제출한다.

✎ **제품 평가**

1. 윗면이 둥그스름하고, 터진 부분이 없어야 한다.
2. 옆면 색상까지 황금빛 갈색으로 잘 나야 한다.
3. 토핑이 흘러넘치지 않으며, 아몬드 슬라이스가 골고루 올라가 있다.

⁉ 많이 하는 질문 BEST

Q 토핑이 흘러넘쳤어요.

A 윗면 짜기 할 때, 너무 두껍게 짰거나 한 쪽으로 치우쳐 짰을 경우 토핑이 흘러넘칩니다.

Q 밤이 튀어 나왔어요.

A 밀어펴기 시 너무 얇게 밀었거나, 밤이 너무 커도 튀어나올 수 있습니다. 너무 클 경우 적당한 크기로 잘라서 넣어주세요.

단팥빵 – 비상스트레이트법

단과자빵 반죽에 팥앙금을 충전하여 만든 달고 부드러운 둥근 원형 빵이다.

시험 시간 : 3시간

✎ 요구사항

단팥빵(비상스트레이트법)을 제조하여 제출하시오.

1. 배합표의 각 재료를 계량하여 재료별로 진열하시오(9분).

   - 재료계량(재료당 1분)→[감독위원 계량확인]→작품제조 및 정리정돈(전체시험시간 - 재료계량시간)
   - 재료계량 시간내에 계량을 완료하지 못하여 시간이 초과된 경우 및 계량을 잘못한 경우는 추가의 시간 부여 없이 작품제조 및 정리정돈 시간을 활용하여 요구사항의 무게대로 계량
   - 달걀의 계량은 감독위원이 지정하는 개수로 계량

2. 반죽은 비상스트레이트법으로 제조하시오(단, 유지는 클린업 단계에 첨가하고, 반죽온도는 30℃로 한다.).
3. 반죽 1개의 분할 무게는 50g, 팥앙금 무게는 40g으로 제조하시오.
4. 반죽은 24개를 성형하여 제조하고, 남은 반죽은 감독위원의 지시에 따라 별도로 제출하시오.

비율(%)	재료명	무게(g)
100	강력분	900
48	물	432
7	이스트	63(64)
1	제빵개량제	9(8)
2	소금	18
16	설탕	144
12	마가린	108
3	탈지분유	27(28)
15	달걀	135(136)
204	계	1,836 (1,838)

✓ 충전용 재료는 계량시간에서 제외

-	통팥앙금	960

✎ 믹싱 전 해야 할 일 & 재료 투입 순서

1. 이스트는 물에 용해 또는 잘게 다지기
2. 가루 재료(강력분, 제빵개량제, 탈지분유)→설탕, 소금→이스트 용해액 또는 이스트→물, 달걀

1 유지를 제외한 모든 재료를 믹서볼에 넣고 저속으로 믹싱한 후, 반죽이 한 덩이가 되는 클린업 단계에서 유지를 투입하여 저속 또는 중속으로 믹싱한다.

2 유지가 다 섞이면 중속 또는 고속으로 믹싱하여 최종 단계 후기 상태의 반죽을 만든다(반죽온도 30 ±1℃, 비상 반죽법이므로 믹싱을 기존의 20~25%를 더 하여 반죽온도를 높이고 더 늘어나는 상태를 만든다.).

3 비닐을 덮어 온도 30℃, 습도 75~80%의 발효실에서 15~30분간 1차 발효를 한다.

4 1차 발효하는 동안에 팥앙금을 계량하고 40g씩 분할하여 동그랗게 만들어 놓는다.

5 1차 발효가 끝난 반죽은 50g씩 분할한 후, 둥글리기를 하고, 비닐을 덮어 실온에서 약 10분간 중간 발효 한다(개수가 많기 때문에 둥글리기가 끝나면 처음 둥글린 반죽이 이미 발효가 다 된 상태이므로 처음반죽부터 바로 정형을 진행한다.).

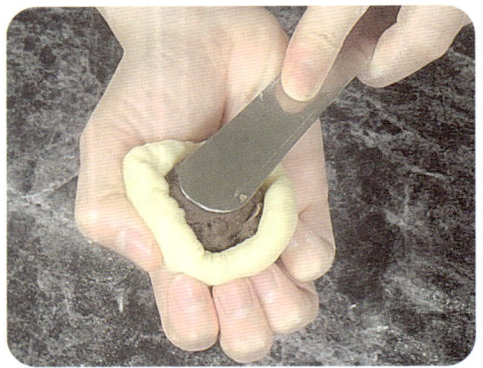

6 손바닥으로 가스를 빼듯 눌러준 후, 뒤집어 헤라를 이용하여 40g 앙금을 올리고 봉합한다(헤라를 손에서 놓지 않고 진행해야 한다.).

7 봉합 부분이 철판에 닿도록 올린 후, 목란의 평평한 부분을 이용하여 지름 7~8cm의 원형으로 눌러 준 후, 목란의 둥근 부분을 이용하여 가운데 눌러 동전 100원 크기만큼 얇게 만들어 주고 한·바퀴 돌려 넓게 만들어 준다(가운데 부분이 두꺼우면 구운 후, 반죽이 올라오기 때문에 최대한 얇은 피막으로 만 들어 주고, 조금 두껍다싶은 부분은 헤라를 이용하여 일자로 두 줄 그어 돼지코 모양을 만들어 준다. 감 독위원의 지시에 따라 구멍을 안내는 경우도 있다.).

8 개수는 36개 정도가 나오며, 반죽분할량이 작년에 비해 10g이 많아졌으므로 9개씩 4철관이 알맞다 (오븐에는 두 철판씩 들어가야 하므로, 두 철판 정형이 끝나면 발효실에 넣는다.).

9 온도 35~40℃, 습도 85~90%의 발효실에서 약 30분간 2차 발효를 한다(처음 만든 두 철판부터 굽 기를 한다.).

10 윗불 200℃, 아랫불 150℃에서 10~15분 정도 굽기를 한다.

11 냉각팬 위에 위생지를 깔고, 제출한다.

✎ 제품 평가

1. 원형 모양과 일정한 크기로 색상이 균일하게 나야 한다.
2. 가운데가 올라오지는 않아야 하며, 구멍이 나거나 팥이 새지 않아야 한다.

✎ 스트레이트법을 비상스트레이트법으로 변경할 때 필수 조치사항

1. 물 1% 증가
2. 이스트 2배 증가
3. 설탕 1% 감소
4. 반죽온도 27℃→30℃
5. 1차 발효시간 감소
6. 믹싱시간 20~25% 증가

⁉ 많이 하는 질문 BEST

Q 가운데 배꼽이 올라왔어요.

A 제대로 누르지 않으면 당연히 올라오지만, 윗반죽이 봉합했던 쪽 반죽보다 두꺼워도 그럴 확률이 있습니다. 또한 2차 발효가 부족해도 올라올 수 있습니다.

Q 팥이 밑으로 샜어요.

A 2차 발효가 부족했거나, 봉합할 때 반죽이 얇았거나 제대로 봉합하지 않았을 경우, 또는 목란으로 누를 때 너무 세게 누르면 샐 수 있습니다.

단과자빵 - 소보로빵

단과자빵 반죽에 보슬보슬한 소보로를 묻혀서 표면은 거칠지만 고소하고 달달한 빵이다.

시험 시간 : 3시간 30분

✎ 요구사항

단과자빵(소보로빵)을 제조하여 제출하시오.

1. 빵반죽 재료를 계량하여 재료별로 진열하시오(9분).

- 재료계량(재료당 1분)→[감독위원 계량확인]→작품제조 및 정리정돈(전체시험시간-재료계량시간)
- 재료계량 시간 내에 계량을 완료하지 못하여 시간이 초과된 경우 및 계량을 잘못한 경우는 추가의 시간 부여 없이 작품제조 및 정리정돈 시간을 활용하여 요구사항의 무게대로 계량
- 달걀의 계량은 감독위원이 지정하는 개수로 계량

2. 반죽은 스트레이트법으로 제조하시오(단, 유지는 클린업 단계에 첨가하시오.).
3. 반죽 온도는 27℃를 표준으로 하시오.
4. 반죽 1개의 분할무게는 50g씩, 1개당 소보로 사용량은 약 30g 정도로 제조하시오.
5. 토핑용 소보로는 배합표에 따라 직접 제조하여 사용하시오.
6. 반죽은 24개를 성형하여 제조하고, 남은 토핑용 소보로는 별도로 제출하시오.

빵반죽		
비율(%)	재료명	무게(g)
100	강력분	900
47	물	423(422)
4	이스트	36
1	제빵개량제	9(8)
2	소금	18
18	마가린	162
2	탈지분유	18
15	달걀	135(136)
16	설탕	144
205	계	1845(1844)

토핑용 소보로(계량시간에서 제외)		
비율(%)	재료명	무게(g)
100	중력분	300
60	설탕	180
50	마가린	150
15	땅콩버터	45(46)
10	달걀	30
10	물엿	30
3	탈지분유	9(10)
2	베이킹파우더	6
1	소금	3
251	계	753

✎ 믹싱 전 해야 할 일 & 재료 투입 순서

1. 이스트는 물에 용해 또는 잘게 다지기
2. 가루 재료(강력분, 제빵개량제, 탈지분유)→설탕, 소금→이스트 용해액 또는 이스트→물, 달걀

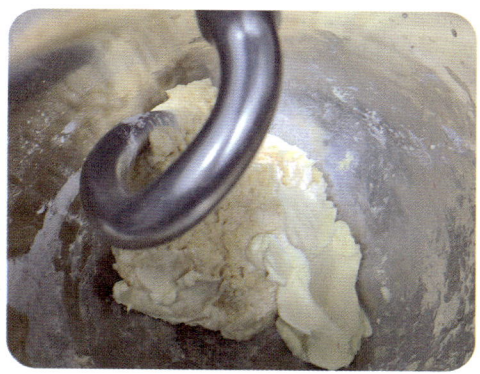

1 유지를 제외한 모든 재료를 믹서볼에 넣고 저속으로 믹싱한 후, 반죽이 한 덩이가 되는 클린업 단계에서 유지를 투입하여 저속 또는 중속으로 믹싱한다.

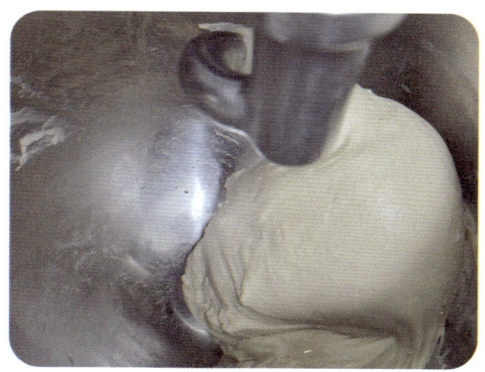

2 유지가 다 섞이면 중속 또는 고속으로 믹싱하여 매끈하고 윤기있는 최종 단계 상태의 반죽을 만든다(반죽온도 27±1℃).

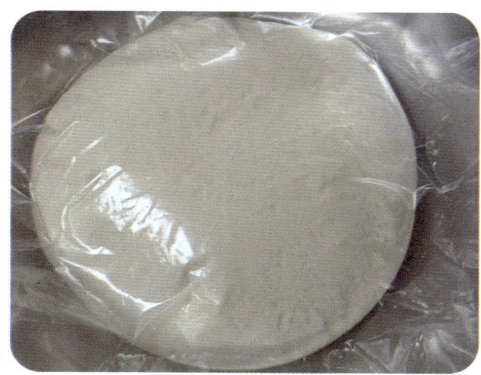

3 비닐을 덮어 온도 27℃, 습도 75~80%의 발효실에서 40분 전후로 1차 발효를 한다.

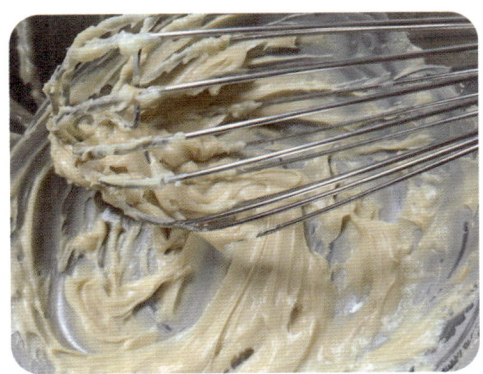

4 1차 발효하는 동안에 토핑용 소보로를 계량하고, 마가린과 땅콩버터는 스텐볼에 넣고 거품기로 부드럽게 풀어준다.

5 설탕, 소금, 물엿을 넣고 크림화 시킨다(너무 많이 믹싱하면 소보로가 질어지고, 믹싱이 많이 부족하면 소보로가 너무 잘아지므로 한 톤 밝아진 느낌이 나면 완료한다.).

6 달걀양은 유지양에 비해 양이 작으므로 한 번에 투입하여 크림상태를 만든다(과믹싱하지 않는다.).

7 작업대 위에 가루재료(중력분, 탈지분유, 베이킹파우더)를 체질한 후, 크림을 올려 스크래퍼로 콩알 크기로 다져준다(스텐볼에서 작업할 경우, 크림 볼 위에 체 친 가루재료를 넣고, 고무 주걱으로 다져주면 된다.).

8 두 손으로 노르스름해질 때까지 보슬보슬하게 털어준다(뭉치지 않도록 주의하며, 흰색 가루가 보이지 않아야 하고, 실내온도가 높거나, 손에 열이 많을 경우에는 살짝만 손으로 털어준 후, 스크래퍼나 고무주걱을 이용하여 손 대신 털어주는 것이 좋다. 이 작업이 매우 중요하다.).

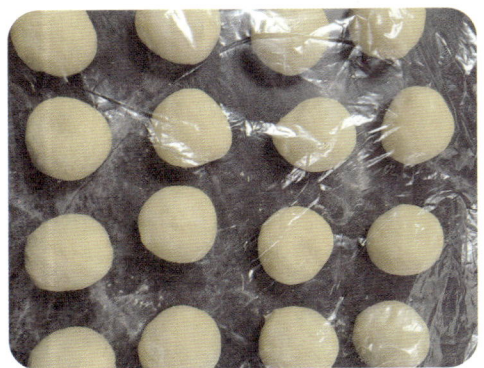

9 1차 발효가 끝난 반죽은 50g씩 분할한 후, 둥글리기를 하고, 비닐을 덮어 실온에서 약 10분간 중간 발효 한다(개수가 많기 때문에 둥글리기가 끝나면 처음 둥글린 반죽이 이미 발효가 다 된 상태이므로 처음반죽부터 바로 정형을 진행한다.).

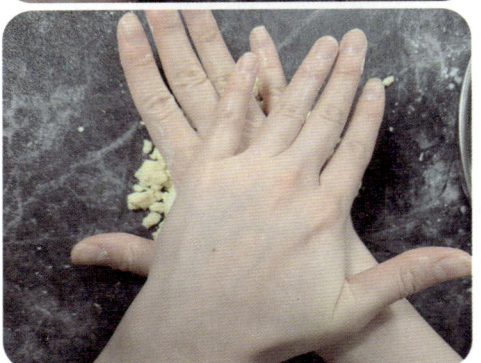

10 한 번 더 둥글리기를 하여 살짝 가스를 빼고, 소보로 30g을 바닥에 평평하게 깔아 준비한 후, 봉합부분을 제외한 전면을 물에 적신 후, 소보로 위에 올려 두 손을 이용하여 한 바퀴 굴리듯이 눌러 소보로가 골고루 묻도록 한다.

11 손을 살짝 움직여 반죽을 살살 떼어낸 뒤, 철판에 올려 지름 7~8cm의 원형을 잡아주고 살짝 눌러준다(철판에 토핑용 소보로가 많이 떨어져 있으면, 굽기 시, 탄내를 유발할 수 있고 지저분하므로, 정리한다.).

12 개수는 36개 정도 나오나, 요구사항처럼 25개는 소보로빵을 만들고 나머지는 감독위원의 지시에 따른다(25개만 만들 경우, 8~9개씩 3철판이 나오며, 오븐에 철판이 3개 이상부터 들어가지 않으므로 몇 철판씩 어떻게 구울지 생각한 후, 정형 시 철판을 한꺼번에 발효실에 넣지 않는다.).

13 온도 35~40℃, 습도 85~90%의 발효실에서 약 30분간 2차 발효를 한다.

14 윗불 200℃, 아랫불 150℃에서 10~15분 정도 굽기를 한다.

15 냉각팬 위에 위생지를 깔고, 제출한다.

✎ 제품 평가

1. 색상이 고르게 나야 하며, 일정한 크기의 원형이다.
2. 소보로가 골고루 묻어있어야 하며, 갈라짐도 일정해야 한다.

⁉ 많이 하는 질문 BEST

Q 굽기 후, 색상이 너무 균일하지 않습니다.

A 소보로가 골고루 묻어있지 않으면 묻어있지 않은 쪽이 색이 더 진하고, 많이 묻은 쪽은 색이 연합니다. 또는 소보로가 질어져서 과하게 눌러진 부분은 색이 연하고, 너무 자글자글한 소보로가 묻으면 색상이 진하게 나올 것입니다. 소보로는 작업대에 평평하게 깔고, 골고루 묻혀줘야 합니다.

Q 굽기 후, 부피가 일정하지가 않습니다.

A 정형 시, 재둥글리기를 할 때, 가스를 너무 많이 빼게 되면 부피가 작습니다. 재둥글리기는 적당히 하셔야 합니다.

단과자빵 – 크림빵

단과자빵 반죽에 커스터드 크림을 충전하여 달고 촉촉한 반달모양의 빵이다.

🕐 시험 시간 : 3시간 30분

✎ 요구사항

단과자빵(크림빵)을 제조하여 제출하시오.

1. 배합표의 각 재료를 계량하여 재료별로 진열하시오(9분).

- 재료계량(재료당 1분)→[감독위원 계량확인]→작품제조 및 정리정돈(전체시험시간 - 재료계량시간)
- 재료계량 시간 내에 계량을 완료하지 못하여 시간이 초과된 경우 및 계량을 잘못한 경우는 추가의 시간 부여 없이 작품제조 및 정리정돈 시간을 활용하여 요구사항의 무게대로 계량
- 달걀의 계량은 감독위원이 지정하는 개수로 계량

2. 반죽은 스트레이트법으로 제조하시오(단, 유지는 클린업 단계에 첨가하시오.).
3. 반죽 온도는 27℃를 표준으로 하시오.
4. 반죽 1개의 분할무게는 46g, 1개당 크림 사용량은 30g으로 제조하시오.
5. 제품 중 12개는 크림을 넣은 후 굽고, 12개는 반달형으로 크림을 충전하지 말고 제조하시오.
6. 남은 반죽은 감독위원의 지시에 따라 별도로 제출하시오.

비율(%)	재료명	무게(g)
100	강력분	800
53	물	424
4	이스트	32
2	제빵개량제	16
2	소금	16
16	설탕	128
12	쇼트닝	96
2	분유	16
10	달걀	80
201	계	1,608
✓ 충전용 재료는 계량시간에서 제외		
(1개당 30g)	커스터드 크림	360

✎ 믹싱 전 해야 할 일 & 재료 투입 순서

1. 이스트는 물에 용해 또는 잘게 다지기
2. 가루 재료(강력분, 제빵개량제, 분유)→설탕, 소금→이스트 용해액 또는 이스트→물, 달걀

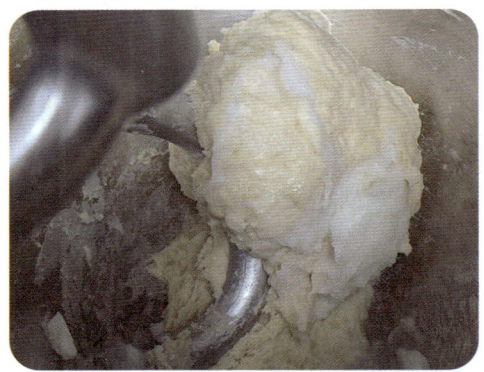

1️⃣ 유지를 제외한 모든 재료를 믹서볼에 넣고 저속으로 믹싱한 후, 반죽이 한 덩이가 되는 클린업 단계에서 유지를 투입하여 저속 또는 중속으로 믹싱한다.

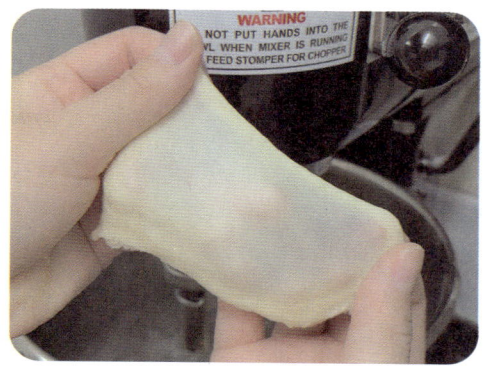

2 유지가 다 섞이면 중속 또는 고속으로 믹싱하여 매끈하고 윤기있는 최종 단계 상태의 반죽을 만든다(반죽온도 27±1℃).

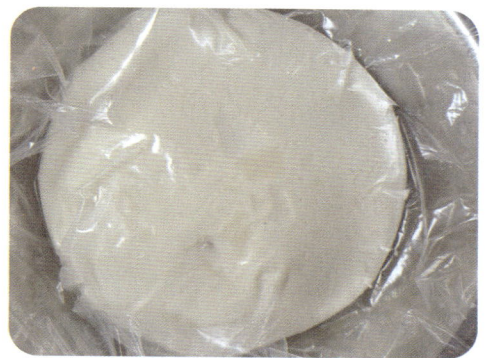

3 비닐을 덮어 온도 27℃, 습도 75~80%의 발효실에서 40분 전후로 1차 발효를 한다.

4 1차 발효하는 동안에 커스터드 크림을 준비한다(시험장에서 제공된다.).

5 1차 발효가 끝난 반죽은 45g씩 분할한 후, 둥글리기를 하고, 비닐을 덮어 실온에서 약 10분간 중간발효 한다(개수가 많기 때문에 둥글리기가 끝나면 처음 둥글린 반죽이 이미 발효가 다 된 상태이므로 처음반죽부터 바로 정형을 진행한다.).

6 반죽을 긴 타원형으로 밀어편다(잘 밀리지 않으면, 처음부터 길게 밀려고 하는 것보다 한 번 밀어펴고 살짝 휴지줬다가 다시 밀어펴는 방법도 있다.).

7 반죽을 뒤집어 크림을 덮을 반죽 윗부분 모양을 예쁘게 잡아준 후, 헤라를 이용하여 30g의 크림을 올린 후, 덮어준다(윗 반죽이 살짝 더 길게 나오게 덮어주며, 과도한 덧가루나 건조로 인하여 잘 붙지 않을 경우, 가장자리에 물칠을 해주는 방법도 있다.).

8 스크래퍼를 이용하여 두께와 간격이 일정하게 5개의 칼집을 낸 후, 간격을 잘 맞춰 팬닝한다(빵반죽 부분만 칼집내면 발효 후, 구웠을 때, 칼집 모양이 보이지 않으므로, 크림이 아주 살짝 보이게 칼집을 내 주는 것이 좋다.).

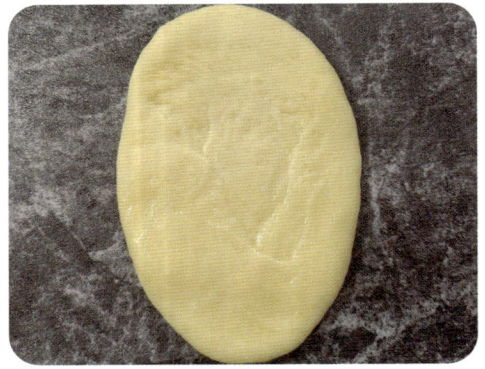
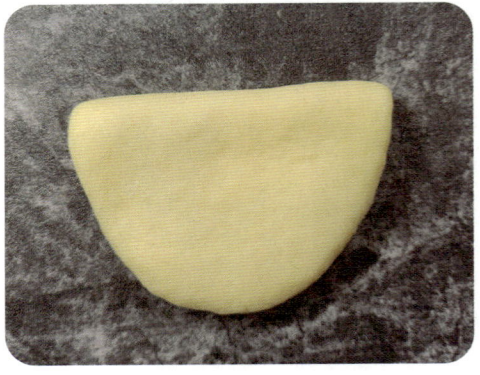

9 크림을 충전하지 않는 반죽은 붓을 이용하여 식용유를 얇게 반죽의 반만 발라준 후, 덮어주고 간격 을 잘 맞춰 팬닝한다(타원형 윗부분과 아랫부분 중 좀 더 예쁜 모양으로 덮어주고, 덮었을 때 살짝 더 길게 나오게 한다.).

🔟 개수는 36개 정도 나오나, 요구사항처럼 12개는 충전용 반죽 한 철판으로 만들고, 12개는 비충전용 반죽 한 철판으로 만들어 총 두 철판을 만든 후, 나머지 반죽은 감독위원의 지시에 따른다.

⓫ 온도 35~40℃, 습도 85~90%의 발효실에서 약 30분간 2차 발효를 한다.

⓬ 윗불 200℃, 아랫불 150℃에서 10~15분 정도 굽기를 한다.

⓭ 냉각팬 위에 위생지를 깔고, 제출한다.

✎ 제품 평가

1. 전체적으로 모양이 균일하고, 색상이 고르게 나야 한다.
2. 충전용은 크림이 터지지 않아야 하며, 칼집이 일정해야 한다.
3. 비충전용은 반달모양이 일정해야 한다.

⁉ 많이 하는 질문 BEST

Q 정형 시, 크림이 자꾸 터집니다.

A 밀어펴기의 길이가 짧아서 그렇습니다. 중간발효를 넉넉히 시켜주시고, 처음부터 길게 밀려고 하는 것보다 한 번 밀어펴고 살짝 휴지 줬다가 다시 밀어펴서 길게 만들어 크림을 충전하시면 됩니다.

Q 비충전용 반죽이 굽기 시 입을 벌립니다.

A 오븐스프링으로 인한 현상입니다. 그러나 굽기 후에도 그대로이거나, 너무 심하다면 밀어펴기의 길이가 너무 짧았거나, 2차발효가 부족했을 경우입니다.

단과자빵 - 트위스트형

단과자빵 반죽으로 밀어펴서 모양을 꼬아 만든 쫄깃한 빵이다.

🕐 시험 시간 : 3시간 30분

✎ 요구사항

단과자빵(트위스트형)을 제조하여 제출하시오.

1. 배합표의 각 재료를 계량하여 재료별로 진열하시오(9분).

- 재료계량(재료당 1분)→[감독위원 계량확인]→작품제조 및 정리정돈(전체시험시간−재료계량시간)
- 재료계량 시간 내에 계량을 완료하지 못하여 시간이 초과된 경우 및 계량을 잘못한 경우는 추가의 시간 부여 없이 작품제조 및 정리정돈 시간을 활용하여 요구사항의 무게대로 계량
- 달걀의 계량은 감독위원이 지정하는 개수로 계량

2. 반죽은 스트레이트법으로 제조하시오(단, 유지는 클린업 단계에 첨가하시오.).
3. 반죽 온도는 27℃를 표준으로 하시오.
4. 반죽분할 무게는 50g이 되도록 하시오.
5. 모양은 8자형 12개, 달팽이형 12개로 2가지 모양으로 만드시오.
6. 완제품 24개를 성형하여 제출하고, 남은 반죽은 감독위원의 지시에 따라 별도로 제출하시오.

비율(%)	재료명	무게(g)
100	강력분	900
47	물	422
4	이스트	36
1	제빵개량제	8
2	소금	18
12	설탕	108
10	쇼트닝	90
3	분유	26
20	달걀	180
199	계	1,788

✎ 믹싱 전 해야 할 일 & 재료 투입 순서

1. 이스트는 물에 용해 또는 잘게 다지기
2. 가루 재료(강력분, 제빵개량제, 분유)→설탕, 소금→이스트 용해액 또는 이스트→물, 달걀

1 유지를 제외한 모든 재료를 믹서볼에 넣고 저속으로 믹싱한 후, 반죽이 한 덩이가 되는 클린업 단계에서 유지를 투입하여 저속 또는 중속으로 믹싱한다.

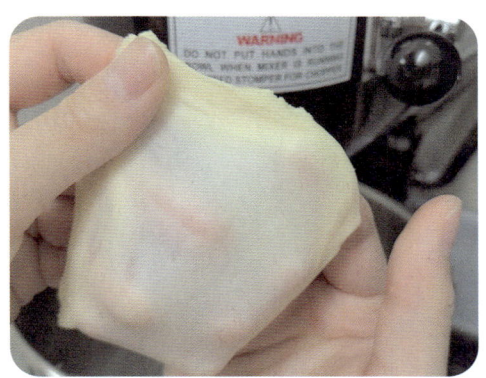

② 유지가 다 섞이면 중속 또는 고속으로 믹싱하여 매끈하고 윤기있는 최종 단계 상태의 반죽을 만든다(반죽온도 27±1℃).

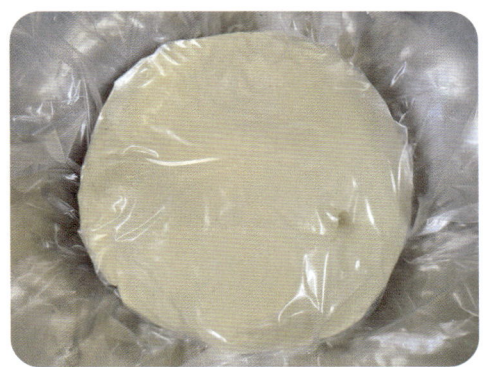

③ 비닐을 덮어 온도 27℃, 습도 75~80%의 발효실에서 40분 전후로 1차 발효를 한다.

④ 1차 발효가 끝난 반죽은 50g씩 분할한 후, 둥글리기를 하고, 스틱모양으로 만들어 예비정형을 한 후, 비닐을 덮어 실온에서 약 10분간 중간발효 한다(길게 밀어펴는 반죽이므로 예비정형을 하는 것이 정형 시 편리하다. 개수가 많기 때문에 둥글리기가 끝나면 처음 둥글린 반죽이 이미 발효가 다 된 상태이므로 처음반죽부터 바로 정형을 진행한다.).

5 반죽을 길게 밀어 펴 8자형은 25cm를 맞춰 8자로 모양을 만들고, 달팽이형은 35~40cm를 맞춰 한 쪽 끝부분은 얇게 한 후, 철판 위에서 굵은 쪽을 중심으로 돌려가며 원을 만든 후, 얇은 끝부분은 아래 쪽으로 살짝 넣는다(달팽이형 팬닝 시, 타이트하게 꼬지 않도록 주의한다.).

6 개수는 35개 정도 나오나, 요구사항처럼 24개를 감독위원이 지시하는 개수에 따라 만들고, 나머지 반죽 또한 지시에 따른다.

7 온도 35~40℃, 습도 85~90%의 발효실에서 약 30분간 2차 발효를 한다.

8 윗불 200℃, 아랫불 150℃에서 10~15분 정도 굽기를 한다.

9 냉각팬 위에 위생지를 깔고, 제출한다.

✏ 제품 평가

1. 색상이 고르게 나야 한다.
2. 모양이 풀리거나, 흐트러지지 않아야 한다.

⁉ 많이 하는 질문 BEST

Q 굽기 후, 표면이 왜 거칠어졌을까요?

A 정형 시, 덧가루 사용량이 많았거나, 정형과정 중, 윗면이 많이 말랐을 경우 거칠어집니다. 이건 이 제품뿐 아니라 대부분 빵들이 해당되므로, 덧가루는 최소로 사용하시는게 좋습니다.

Q 굽기 후, 8자형의 모양이 풀렸습니다.

A 정형 시, 밀어펴기의 길이가 짧았거나, 꼬기의 비율이 맞지 않았을 경우 모양이 풀릴 수 있습니다. 길이를 잘 맞춰 주시고, 잡아당기듯이 꼬지 않아야 합니다.

버터롤

번데기 모양의 부드러운 소형빵으로 버터나 잼을 발라서 먹는다.

시험 시간 : 3시간 30분

✎ 요구사항

버터롤을 제조하여 제출하시오.

1. 배합표의 각 재료를 계량하여 재료별로 진열하시오(9분).

- 재료계량(재료당 1분)→[감독위원 계량확인]→작품제조 및 정리정돈(전체시험시간 - 재료계량시간)
- 재료계량 시간 내에 계량을 완료하지 못하여 시간이 초과된 경우 및 계량을 잘못한 경우는 추가의 시간 부여 없이 작품제조 및 정리정돈 시간을 활용하여 요구사항의 무게대로 계량
- 달걀의 계량은 감독위원이 지정하는 개수로 계량

2. 반죽은 "스트레이트법"으로 제조하시오(단, 유지는 클린업 단계에 첨가하시오.).
3. 반죽온도는 27℃를 표준으로 하시오.
4. 반죽 1개의 분할무게는 50g으로 제조하시오.
5. 제품의 형태는 번데기 모양으로 제조하시오.
6. 24개를 성형하여 제출하시오.

비율(%)	재료명	무게(g)
100	강력분	900
10	설탕	90
2	소금	18
15	버터	135(134)
3	탈지분유	27(26)
8	달걀	72
4	이스트	36
1	제빵개량제	9(8)
53	물	477(476)
196	계	1,764

✎ 믹싱 전 해야 할 일 & 재료 투입 순서

1. 이스트는 물에 용해 또는 잘게 다지기
2. 가루 재료(강력분, 제빵개량제, 탈지분유)→설탕, 소금→이스트 용해액 또는 이스트→물, 달걀

1 유지를 제외한 모든 재료를 믹서볼에 넣고 저속으로 믹싱한 후, 반죽이 한 덩이가 되는 클린업 단계에서 유지를 투입하여 저속 또는 중속으로 믹싱한다(버터양이 많기 때문에 2회 나누어 투입하면 벽면에 많이 묻지 않고 잘 섞인다.).

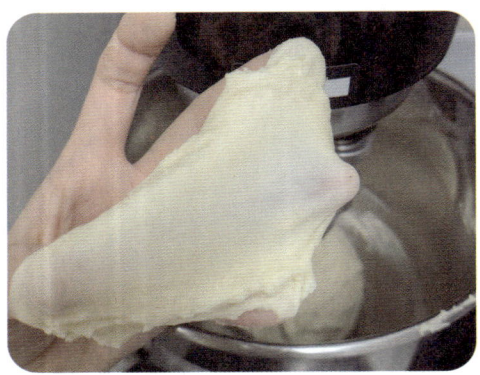

2 유지가 다 섞이면 중속 또는 고속으로 믹싱하여 매끈하고 윤기있는 최종 단계 상태의 반죽을 만든다(반죽온도 27±1℃).

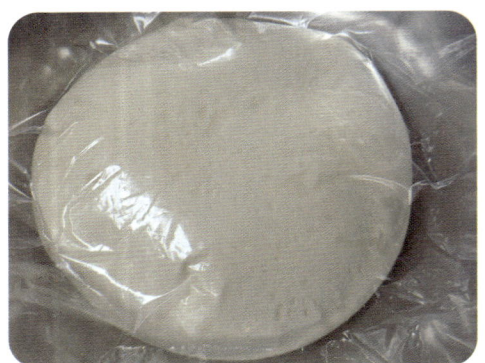

3 비닐을 덮어 온도 27℃, 습도 75~80%의 발효실에서 40분 전후로 1차 발효를 한다.

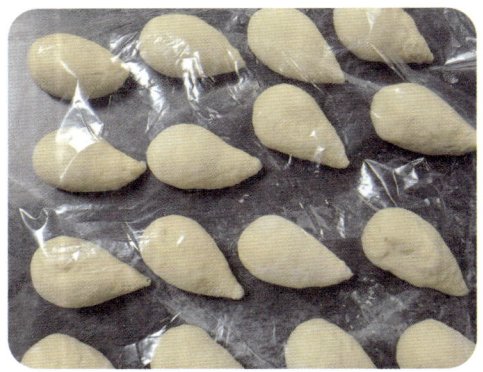

4 1차 발효가 끝난 반죽은 50g씩 분할한 후, 둥글리기를 하고, 한쪽 끝은 가늘고 다른 쪽은 둥근 번데기 모양으로 만들어 예비정형을 한 후, 비닐을 덮어 실온에서 약 10분간 중간발효 한다(번데기 모양으로 밀어펴는 반죽이므로 예비정형을 하는 것이 정형 시 편리하다. 개수가 많기 때문에 둥글리기가 끝나면 처음 둥글린 반죽이 이미 발효가 다 된 상태이므로 처음반죽부터 바로 정형을 진행한다.).

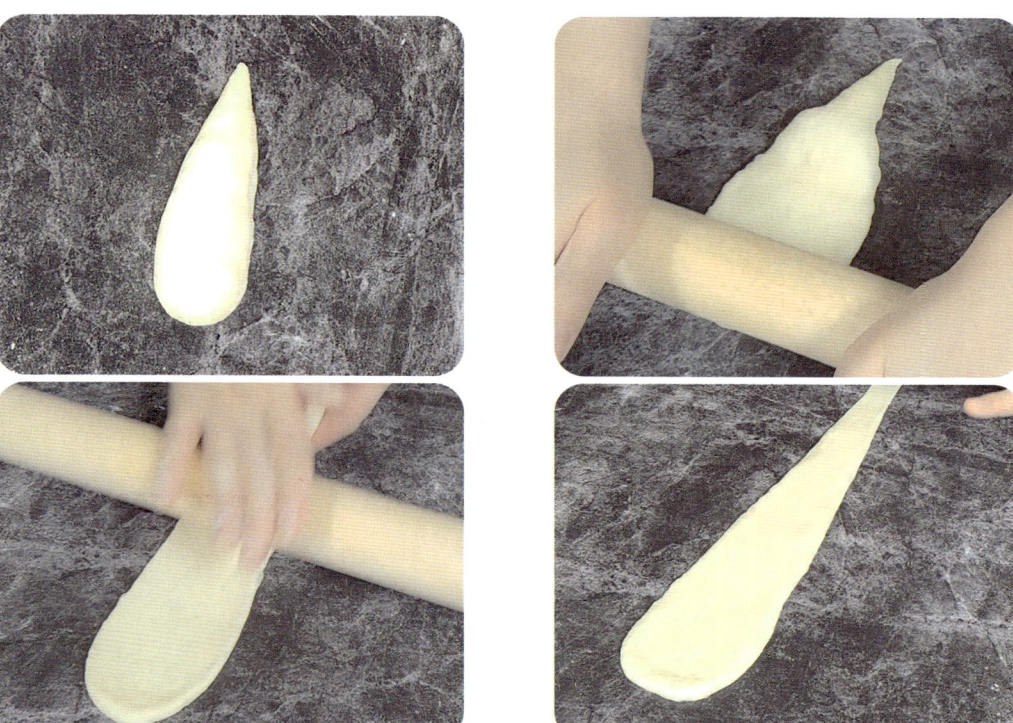

5 살짝 번데기를 길게 늘려 모양을 잡아준 후, 윗부분을 바닥에 붙이고, 한 손은 밀대로 밀어펴고, 한 손은 반죽을 받쳐 25~27cm로 밀어편다. 이 때, 윗부분 지름은 5~7cm가 적당하며 두께는 일정하고 끝부분은 조금 더 얇게 만든다.

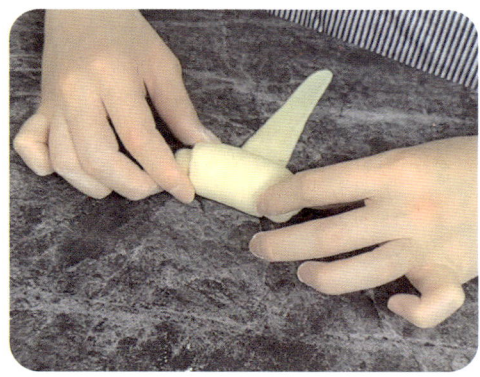

6 머리 부분부터 아래로 돌돌 말아준 후, 끝부분은 꼬집지 않고 살짝 눌러 붙여 팬닝 시, 바닥부분이 되도록 한다.

7 개수는 35개 정도 나오나, 요구사항처럼 24개를 만들어야 하므로 12개씩 두 철판을 만들고, 나머지 반죽은 감독위원의 지시에 따른다(발효실에 넣으려고 들고 갈 때, 철판 위에서 굴러갈 수 있으므로 주의하며 오븐에 넣을 때까지 조심한다.).

8 온도 35~40℃, 습도 85~90%의 발효실에서 약 30분간 2차 발효를 한다.

9 윗불 200℃, 아랫불 150℃에서 10~15분 정도 굽기를 한다.

10 냉각팬 위에 위생지를 깔고, 제출한다.

✎ 제품 평가

1. 번데기 모양으로 황금빛 갈색이다.
2. 주름의 개수는 모든 제품이 일정하게 있어야 한다.
3. 결이 선명하게 있으며, 봉합이 튀어나오지 않아야 한다.

⁉ 많이 하는 질문 BEST

Q 결 부분이 터졌어요.

A 2차 발효가 부족했거나, 믹싱이 부족하면 터질 수 있습니다. 또는, 너무 단단하게 말아도 터질 수 있기 때문에 주의하셔야 합니다.

모카빵

커피가 들어간 부드러운 빵반죽 위에 고소한 비스킷을 씌워 만든 빵이다.

⏱ 시험 시간 : 3시간 30분

✎ 요구사항

모카빵을 제조하여 제출하시오.

1. 배합표의 빵반죽 재료를 계량하여 재료별로 진열하시오(11분).

   - 재료계량(재료당 1분)→[감독위원 계량확인]→작품제조 및 정리정돈(전체시험시간 - 재료계량시간)
   - 재료계량 시간 내에 계량을 완료하지 못하여 시간이 초과된 경우 및 계량을 잘못한 경우는 추가의 시간 부여 없이 작품제조 및 정리정돈 시간을 활용하여 요구사항의 무게대로 계량
   - 달걀의 계량은 감독위원이 지정하는 개수로 계량

2. 반죽은 "스트레이트법"으로 제조하시오(단, 유지는 클린업 단계에서 첨가하시오.).
3. 반죽온도는 27℃를 표준으로 하시오.
4. 반죽 1개의 분할무게는 250g, 1개당 비스킷은 100g씩으로 제조하시오.
5. 제품의 형태는 타원형(럭비공 모양)으로 제조하시오.
6. 토핑용 비스킷은 주어진 배합표에 의거 직접 제조하시오.
7. 완제품 6개를 제출하시오.

빵반죽		
비율(%)	재료명	무게(g)
100	강력분	850
45	물	382.5(382)
5	이스트	42.5(42)
1	제빵개량제	8.5(8)
2	소금	17(16)
15	설탕	127.5(128)
12	버터	102
3	탈지분유	25.5(26)
10	달걀	85(86)
1.5	커피	12.75(12)
15	건포도	127.5(128)
209.5	계	1780.75 (1780)

토핑용 비스킷(계량시간에서 제외)		
비율(%)	재료명	무게(g)
100	박력분	350
20	버터	70
40	설탕	140
24	달걀	84
1.5	베이킹파우더	5.25(5)
12	우유	42
0.6	소금	2.1(2)
198.1	계	693.35(693)

✎ 믹싱 전 해야 할 일 & 재료 투입 순서

1. 이스트는 물에 용해 또는 잘게 다지기
2. 커피 분말 물에 용해(입자가 작으면 생략 가능)
3. 건포도는 미지근한 물에 잠길 만큼 담가 전처리 하기(이론상 : 건포도 양의 12% 해당되는 27℃의 물에 담가 3~4시간 침지 한다.)
4. 가루 재료(강력분, 제빵개량제, 탈지분유)→설탕, 소금→이스트 용해액 또는 이스트→커피용해액, 물, 달걀

1 유지를 제외한 모든 재료를 믹서볼에 넣고 저속으로 믹싱한 후, 반죽이 한 덩이가 되는 **클린업 단계에서 유지를 투입**하여 저속 또는 중속으로 믹싱한다.

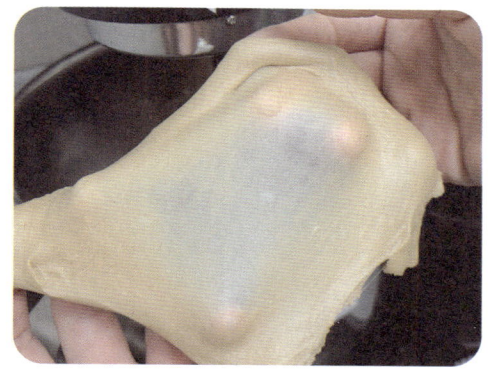

2 유지가 다 섞이면 중속 또는 고속으로 믹싱하여 매끈하고 윤기있는 **최종 단계** 상태의 반죽을 만든다.

3 건포도를 체에 걸러 물기를 제거하고, 마른 거즈로 터지지 않게 조심히 물기를 어느 정도 흡수시킨다(물기가 많이 남아있으면 반죽과 섞이지 않고 한 쪽으로 뭉친다.).

4 반죽에 건포도를 넣고 저속으로 혼합하고, 한 쪽으로 뭉쳐있으면 반죽을 한 번 뒤집어 다시 저속으로 혼합한다(반죽온도 27±1℃).

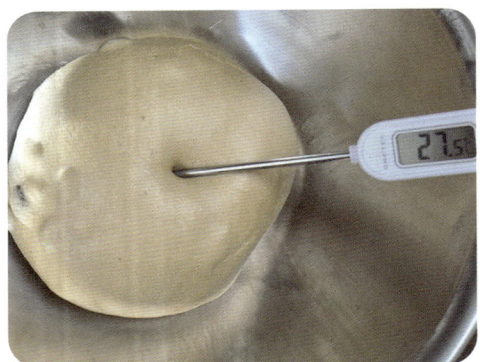 

5 비닐을 덮어 온도 27℃, 습도 75~80%의 발효실에서 40분 전후로 1차 발효를 한다.

6 1차 발효하는 동안에 토핑 재료를 계량하고, 박력분과 베이킹파우더는 체질한 후, 버터는 스텐볼에 넣어 거품기로 부드럽게 풀어준다.

7 설탕을 3회 나누어 투입하여 크림화(버터양에 비해 설탕양이 두 배로 많기 때문에 고슬고슬한 느낌이 든 후, 크림화가 다 된 시점은 살짝 색이 연해지고 한 덩이로 뭉친다.)를 시킨 후, 달걀을 풀어서 3회 정도 나누어 투입하여 분리가 나지 않도록 믹싱하여 크림상태를 만든다.

8 체질한 가루재료를 넣어 고무주걱으로 자르듯이 가볍게 혼합하고, 가루가 어느 정도 있을 때, 우유를 넣어 자르듯이 혼합 후, 한 덩이가 되면, 비닐에 감싸 사각모양으로 납작하게 만들0- 냉장고에서 20~30분간 휴지시킨다.

9 1차 발효가 끝난 반죽 250g씩 분할한 후, 둥글리기를 하고, 비닐을 덮어 실온에서 약 15~20분간 중간발효 한다.

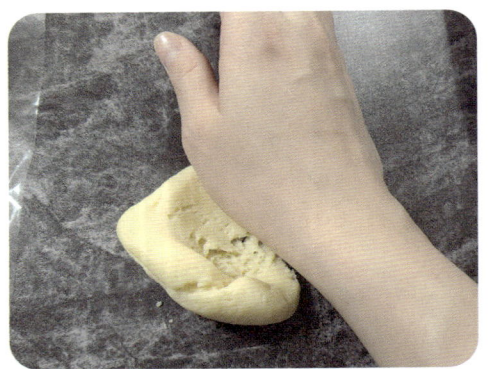

10 중간발효 하는 동안에 휴지가 다 된 비스킷 반죽을 가져와 덧가루 없이 살짝 치댄 후, 100g씩 분할하여 스틱 모양 또는 타원 모양으로 잡아주고 반죽이 마르지 않도록 비닐로 덮어놓는다(빵 반죽을 타원형 모양으로 정형 해야 하므로 비스킷 반죽도 빵을 잘 감쌀 수 있는 모양으로 예비정형을 해주며, 덧가루 없이 치대어 주면 밀어펴기 시 찢어지지 않는다.).

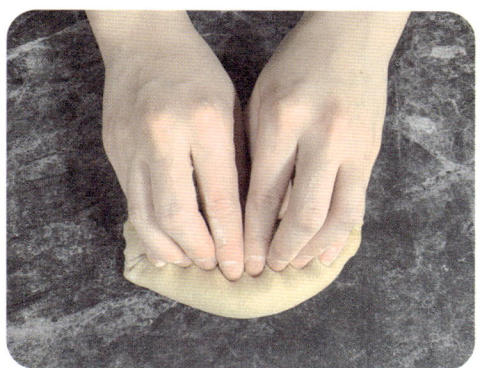

11 중간 발효가 끝난 반죽을 밀대를 이용하여 밀어펴서 가스를 뺀 후, 반죽을 뒤집어 아랫부분은 봉합을 편하게 하기 위하여 일자로 잡아주고, 타원형 모양으로 말아준다(건포도가 터지지 않도록 너무 얇게 밀지 않으며, 말았을 때 길이는 20cm 정도가 좋다. 튀어나온 건포도는 반죽 안으로 집어 넣어 표면에 없도록 한다.).

12 봉합이 바닥 가운데로 오게끔 하여 팬닝하고, 비스킷 반죽은 빵 반죽을 다 덮을 수 있을 만큼 밀어펴 반죽을 감싸준다(비스킷이 반죽의 바닥 부분까지는 가지 않으나 빵 반죽보다 살짝 떠 있으면 발효후, 구웠을 때 다 덮이지 않을 수 있으므로, 최대한 끝까지만 덮어준다.).

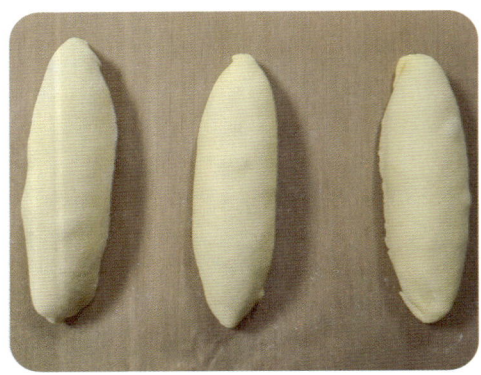

13 개수는 6개가 나오며, 3개씩 두 철판을 팬닝 하는 것이 가장 좋다.

14 온도 35~40℃, 습도 85~90%의 발효실에서 약 30분간 2차 발효한다.

15 윗불 180℃, 아랫불 160℃에서 25~30분 정도 굽기를 한다(팬닝 간격이 가깝기 때문에 옆면까지 색을 골고루 내려면 윗색이 나면, 윗불을 살짝 낮춰서 천천히 구워준다.).

16 냉각팬 위에 위생지를 깔고, 제출한다.

✎ 제품 평가

1. 비스킷이 돌아가지 않고, 잘 덮여져 있으며, 황토빛 갈색으로 고르게 색이 나야 한다.
2. 토핑은 자글자글한 갈라짐이 있어야 하며, 모양이 퍼지지 않아야 한다.
3. 일정한 크기와 럭비공 모양이다.

⁉️ 많이 하는 질문 BEST

Q 토핑에 갈라짐이 없습니다.

A 밀어펴기 두께가 얇으면 갈라짐이 없습니다. 빵반죽의 길이를 조금 더 짧게 잡아 주시고, 토핑은 빵 반죽 모양대로 덮을 수 있을 만큼만 밀어주는게 좋습니다.

Q 굽기 후, 건포도가 튀어나왔어요.

A 둥글리기 또는 정형할 때, 건포도가 윗면에 튀어나와 있다면 빼서 안으로 집어넣어 주셔야 합니다.

호밀빵

호밀이 주원료이며, 반죽이 꽉 차 있고 묵직한 것이 특징인 독일의 전통적인 빵이다.

🕐 시험 시간 : 3시간 30분

✎ 요구사항

호밀빵을 제조하여 제출하시오.

비율(%)	재료명	무게(g)
70	강력분	770
30	호밀가루	330
3	이스트	33
1	제빵개량제	11(12)
60~65	물	660~715
2	소금	22
3	황설탕	33(34)
5	쇼트닝	55(56)
2	탈지분유	22
2	몰트액	22
178~183	계	1958~2016

1. 배합표의 각 재료를 계량하여 재료별로 진열하시오(10분).

- 재료계량(재료당 1분)→[감독위원 계량확인]→작품제조 및 정리정돈(전체시험시간 – 재료계량시간)
- 재료계량 시간 내에 계량을 완료하지 못하여 시간이 초과된 경우 및 계량을 잘못한 경우는 추가의 시간 부여 없이 작품제조 및 정리정돈 시간을 활용하여 요구사항의 무게대로 계량
- 달걀의 계량은 감독위원이 지정하는 개수로 계량

2. 반죽은 스트레이트법으로 제조하시오.
3. 반죽 온도는 25℃를 표준으로 하시오.
4. 표준분할무게는 330g으로 하시오.
5. 제품의 형태는 타원형(럭비공 모양)으로 제조하고, 칼집모양을 가운데 일자로 내시오.
6. 반죽은 전량을 사용하여 성형하시오.

✎ 믹싱 전 해야 할 일 & 재료 투입 순서

1. 이스트는 물에 용해 또는 잘게 다지기
2. 몰트액은 물에 용해
3. 물은 감독위원의 지시에 따라 계량을 하고, 지시가 없을 경우, 실내온도가 추우면 물의 양을 늘리고, 더우면 물의 양을 적게 하여 되기를 조절하는 것이 좋다.
4. 가루 재료(강력분, 호밀가루, 제빵개량제, 탈지분유)→황설탕, 소금→이스트 용해액 또는 이스트→몰트액 용해액, 물

1 유지를 제외한 모든 재료를 믹서볼에 넣고 저속으로 믹싱한 후, 반죽이 한 덩이가 되는 클린업 단계에서 유지를 투입하여 저속 또는 중속으로 믹싱한다.

2 유지가 다 섞이면 중속으로 믹싱하여 발전 단계 후기 상태의 반죽을 만든다(반죽온도 25±1℃, 호밀 가루는 글루텐을 만들기 어려워 힘이 없기 때문에 믹싱을 90%만 하여, 반죽에 탄력성을 주며, 반죽온 도가 낮으므로 중속으로만 믹싱하여 마찰열을 주지 않는다.).

3 비닐을 덮어 온도 27℃, 습도 75~80%의 발효실에서 50분 전후로 1차 발효를 한다.

4 1차 발효가 끝난 반죽 330g씩 분할한 후, 둥글리기를 하고, 비닐을 덮어 실온에서 약 15~20분간 중간발효 한다.

5 밀대를 이용하여 밀어펴서 가스를 뺀 후, 반죽을 뒤집어 아랫부분은 봉합을 편하게 하기 위하여 일자로 잡아주고, 타원형 모양으로 말아준다(말았을 때 길이는 23~25cm가 좋으며, 밀어펴기 두께를 너무 얇게 하거나 너무 타이트하게 말았을 경우 굽기 시 옆면이 찢어지므로 주의한다.).

6 봉합이 바닥 가운데로 오게끔 하여 팬닝하고, 살짝 눌러준다.

7 개수는 6개가 나오며, 3개씩 두 철판을 팬닝 하는 것이 가장 좋다.

8 온도 32~35℃, 습도 85%의 발효실에서 약 40분간 2차 발효한다(2차 발효를 넉넉히 해줘야 굽기 시 옆면이 찢어지지 않는다.).

9 발효된 반죽 윗면에 양가 1cm를 제외하고 1cm 깊이(한 겹 반~두 겹)로 칼집을 낸 후, 찢어짐을 방지 하기 위하여 물 분무를 해준다(발효실에서 나온 반죽은 습기로 인하여 반죽 표면이 끈적이므로 살짝 말린 후, 칼집을 내면 더 깔끔하다.).

⑩ 윗불 190℃, 아랫불 180℃에서 30~35분 굽기를 한다(팬닝 간격이 가깝기 때문에 옆면까지 색을 골고루 내려면 윗색이 나면, 윗불을 살짝 낮춰서 천천히 구워준다.).

⑪ 냉각팬 위에 위생지를 깔고, 제출한다.

✎ **제품 평가**

1. 진한 갈색의 일정한 크기의 럭비공 모양이다.
2. 옆면이 터지지 않으며, 윗면의 칼집은 잘 벌어져 있어야 한다.

⁉ 많이 하는 질문 BEST

Q 굽기 후, 옆면이 터집니다.

A 호밀가루는 밀가루에 비해 힘이 없습니다. 2차 발효를 넉넉히 해 주세요. 그렇게 했음에도 터졌다면, 윗면에 칼집을 조금 더 깊게 내어주시고, 굽기 전 옆면까지 물분무를 충분히 해 주세요(너무 많이 할 경우 질겨질 수 있으므로 주의). 윗불의 온도보다 아랫불의 온도를 10도가량 높여서 구워 보시는 것도 괜찮습니다.

소시지빵

소시지를 넣어 모양을 내고, 양파와 피자치즈를 올려 구운 식사대용으로 가능한 빵이다.

🕐 시험 시간 : 3시간 30분

✎ 요구사항

소시지빵을 제조하여 제출하시오.

1. 반죽 재료를 계량하여 재료별로 진열하시오(10분). (토핑 및 충전물 재료의 계량은 휴지시간을 활용하시오.)

   - 재료계량(재료당 1분)→[감독위원 계량확인]→작품제조 및 정리정돈(전체시험시간 – 재료계량시간)
   - 재료계량 시간 내에 계량을 완료하지 못하여 시간이 초과된 경우 및 계량을 잘못한 경우는 추가의 시간 부여 없이 작품제조 및 정리정돈 시간을 활용하여 요구사항의 무게대로 계량
   - 달걀의 계량은 감독위원이 지정하는 개수로 계량

2. 반죽은 스트레이트법으로 제조하시오.
3. 반죽온도는 27℃를 표준으로 하시오.
4. 반죽 분할무게는 70g씩 분할하시오.
5. 완제품(토핑 및 충전물 완성)은 12개 제조하여 제출하시오.
6. 충전물은 발효시간을 활용하여 제조하시오.
7. 정형 모양은 낙엽모양 6개와 꽃잎모양의 6개씩 2가지로 만들어서 제출하시오.

배합표(반죽)		
비율(%)	재료명	무게(g)
80	강력분	560
20	중력분	140
4	생이스트	28
1	제빵개량제	6
2	소금	14
11	설탕	76
9	마가린	62
5	탈지분유	34
5	달걀	34
52	물	364
189	계	1,318

토핑 및 충전물(계량시간에서 제외)		
비율(%)	재료명	무게(g)
100	프랑크소시지	(480)
72	양파	336
34	마요네즈	158
22	피자치즈	102
24	케찹	112
252	계	1,188

✎ 믹싱 전 해야 할 일 & 재료 투입 순서

1. 이스트는 물에 용해 또는 잘게 다지기
2. 가루 재료(강력분, 중력분, 제빵개량제, 탈지분유)→설탕, 소금→이스트 용해액 또는 이스트→물, 달걀

1 유지를 제외한 모든 재료를 믹서볼에 넣고 저속으로 믹싱한 후, 반죽이 한 덩이가 되는 클린업 단계에서 유지를 투입하여 저속 또는 중속으로 믹싱한다.

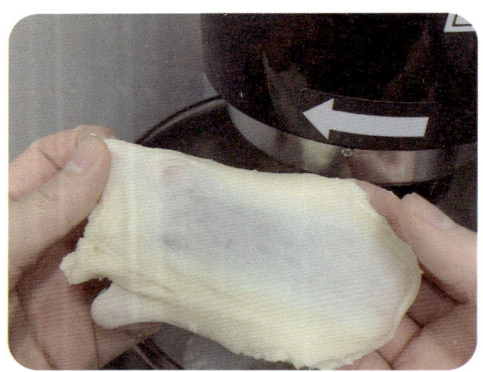

2 유지가 다 섞이면 중속 또는 고속으로 믹싱하여 매끈하고 윤기있는 최종 단계 상태의 반죽을 만든다(반죽온도 27±1℃).

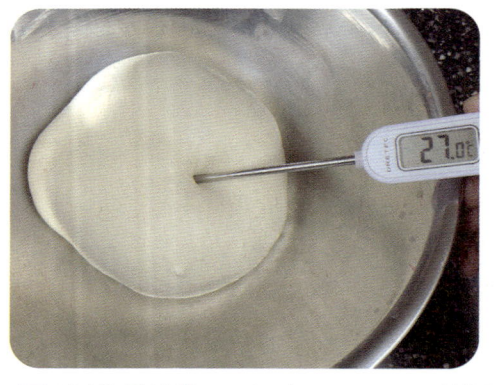
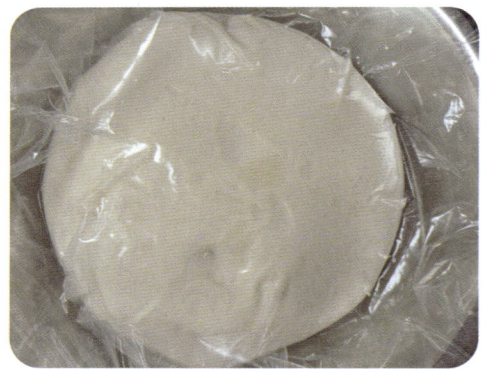

3 비닐을 덮어 온도 27℃, 습도 75~80%의 발효실에서 40분 전후로 1차 발효를 한다.

4 1차 발효하는 동안에 토핑 및 충전물을 계량하고, 양파는 0.5cm 큐브모양으로 썰어 준비한다(양파가 너무 크면 익히기가 어렵고, 너무 작으면 양파즙이 많이 생긴다. 양파썰기는 중간발효 때 해도 상관없으며 마요네즈에 버무리는 작업은 토핑 올리기 직전에 해야 물이 생기지 않는다.).

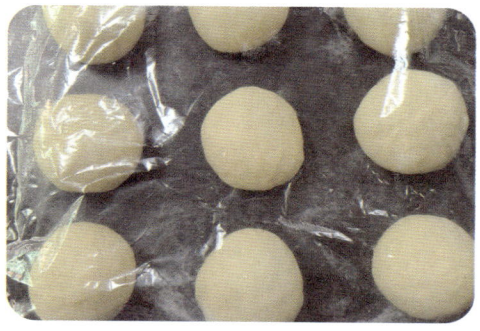

5 1차 발효가 끝난 반죽 70g씩 분할한 후, 둥글리기를 하고, 비닐을 덮어 실온에서 약 10~15분간 중간 발효 한다.

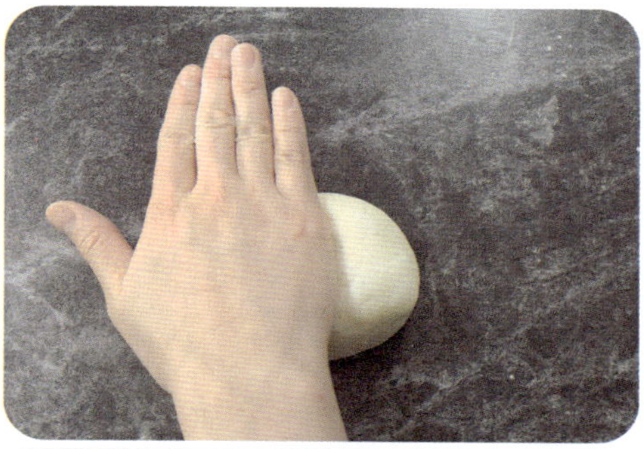

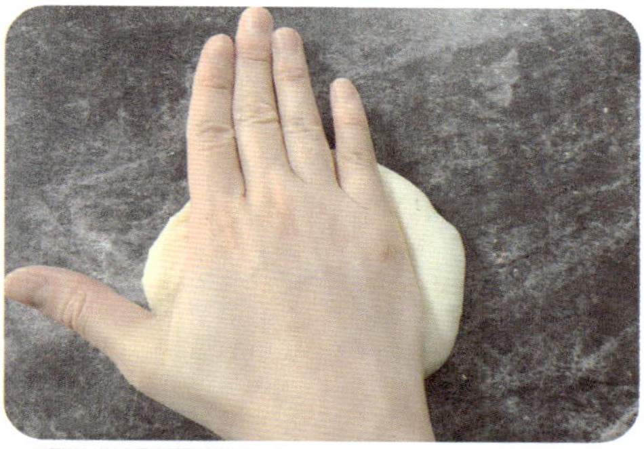

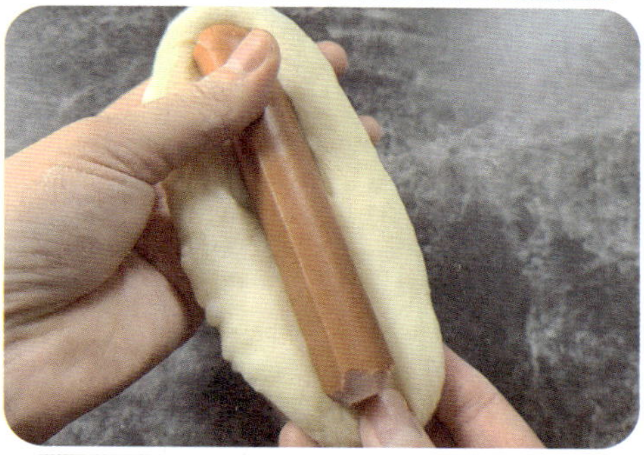

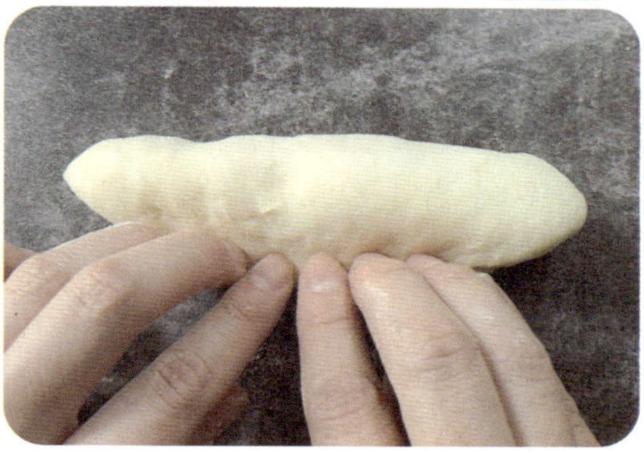

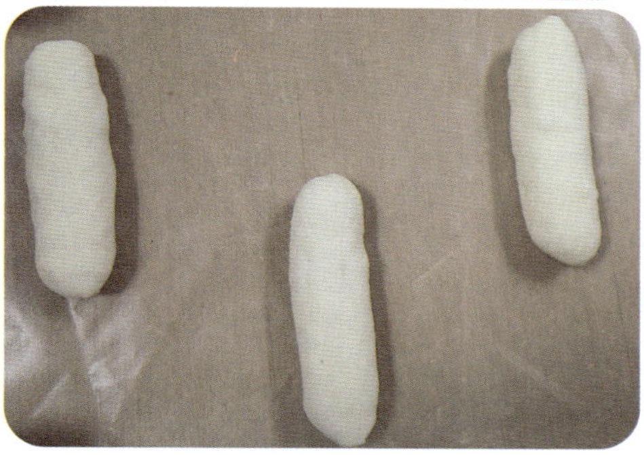

6 밀대를 이용하거나, 손으로 눌러서 길게 만든 후, 양가 1cm를 제외하고 소시지를 넣은 후, 봉합하고, 봉합 부분이 바닥 가운데로 오게끔 하여 팬닝하고, 살짝 눌러준다.

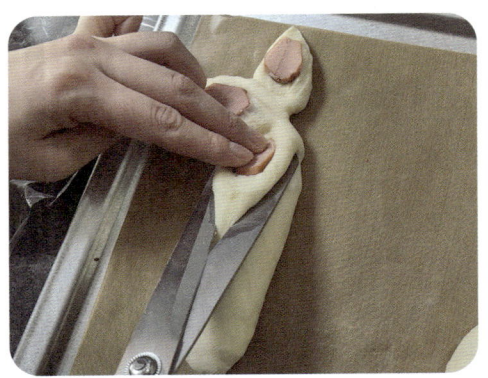

7 낙엽모양은 가위를 눕혀서 두께가 일정하게 9등분을 해서 펼쳐준다(가위로 8번을 자르면 9등분이 되고, 눕혀서 자르면 뽀족한 낙엽모양이 더 가깝다. 펼칠 때, 서로 많이 겹치지 않도록 확실하게 펼쳐준다.).

8 꽃모양은 가위를 세워서 두께가 일정하게 8등분을 해서 펼쳐준다(가위로 7번을 자르면 8등분이 되고, 세워서 자르면 동글동글한 꽃모양이 더 가깝다. 펼칠 때, 최대한 원형이 될 수 있도록 펼쳐준다.).

9 개수는 18개가 나오며, 12개 제출이므로 6개씩 두 철판을 팬닝 하는 것이 가장 좋다. 나머지 반죽은 감독위원의 지시에 따른다.

10 온도 35~40℃, 습도 85~90%의 발효실에서 약 25분간 2차 발효한다.

11 2차 발효하는 동안 양파는 마요네즈에 버무리고, 케찹은 짤주머니에 담아 준비한다(사용 직전 앞부분 0.2~0.3cm 자르기).

12 2차 발효가 끝난 반죽 위에 버무린 양파를 소시지를 다 덮지 않도록 가운데에 평평하게 올리며 12개의 양을 잘 맞추어 골고루 올려준다.

13 그 위에 피자치즈를 골고루 뿌려주고, 케찹을 일정하게 지그재그로 뿌려준다(힘을 많이 주고 뿌리면 선이 굴곡이 생기며 굵게 나오므로 힘을 빼고 살살 뿌려주면 얇고 예쁘게 나온다. 빵 반죽 위에 뿌리면 오븐에서 타므로 소시지까지만 뿌려주는 것이 좋다.).

14 윗불 190℃, 아랫불 160℃에서 15~20분 정도 굽기를 한다.

15 냉각팬 위에 위생지를 깔고, 제출한다.

✎ 제품 평가

1. 단면의 두께와 색상이 일정하다.
2. 치즈가 노르스름 하고 황금갈색 느낌이 나야 한다.
3. 충전물이 떨어지지 않고 양파가 익어야 한다.

⁉ 많이 하는 질문 BEST

Q 2차 발효 후, 소시지가 튀어나오면 어떻게 해야 하나요?

A 튀어나온 소시지를 굽기 전에 한 번 꾹 눌러준 후 구워주시면 됩니다.

Q 굽기 후, 타공판으로 옮길 때, 충전물이 밀려요.

A 철판에서 바로 옮기지 마시고, 약간 식은 후, 옮기시면 충전물이 덜 밀립니다.

통밀빵

식이섬유소가 풍부한 통밀을 넣고, 표면에 오트밀을 묻혀서 만든 담백한 맛의 건강빵이다.

시험 시간 : 3시간 30분

✏️ 요구사항

통밀빵을 제조하여 제출하시오.

1. 배합표의 각 재료를 계량하여 재료별로 진열하시오(10분).

- 재료계량(재료당 1분)→[감독위원 계량확인]→작품제조 및 정리정돈(전체시험시간 - 재료계량시간)
- 재료계량 시간 내에 계량을 완료하지 못하여 시간이 초과된 경우 및 계량을 잘못한 경우는 추가의 시간 부여 없이 작품제조 및 정리정돈 시간을 활용하여 요구사항의 무게대로 계량
- 달걀의 계량은 감독위원이 지정하는 개수로 계량(단, 토핑용 오트밀은 계량 시간에서 제외한다.)

2. 반죽은 스트레이트법으로 제조하시오.
3. 반죽 온도는 25℃를 표준으로 하시오.
4. 표준 분할 무게는 200g으로 하시오.
5. 제품의 형태는 밀대(봉)형(22~23cm)으로 제조하고, 표면에 물을 발라 오트밀을 보기 좋게 적당히 묻히시오.
6. 8개를 성형하여 제출하시오.

비율(%)	재료명	무게(g)
80	강력분	800
20	통밀가루	200
2.5	이스트	25
1	제빵개량제	10
63~65	물	630~650
1.5	소금	15(14)
3	설탕	30
7	버터	70
2	탈지분유	20
1.5	몰트액	15(14)
181.5~183.5	계	1814~1835
✔ 토핑용재료는 계량시간에서 제외		
-	오트밀 (토핑용)	200g

✏️ 믹싱 전 해야 할 일 & 재료 투입 순서

1. 이스트는 물에 용해 또는 잘게 다지기
2. 몰트액은 물에 용해
3. 물은 감독위원의 지시에 따라 계량을 하고, 지시가 없을 경우, 실내온도가 추우면 물의 양을 늘리고, 더우면 물의 양을 적게 하여 되기를 조절하는 것이 좋다.
4. 가루 재료(강력분, 통밀가루, 제빵개량제, 탈지분유)→설탕, 소금→이스트 용해액 또는 이스트→몰트액 용해액, 물

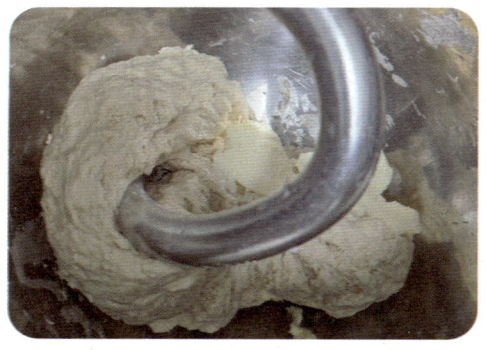

1 유지를 제외한 모든 재료를 믹서볼에 넣고 저속으로 믹싱한 후, 반죽이 한 덩이가 되는 **클린업 단계에서 유지를 투입**하여 저속 또는 중속으로 믹싱한다.

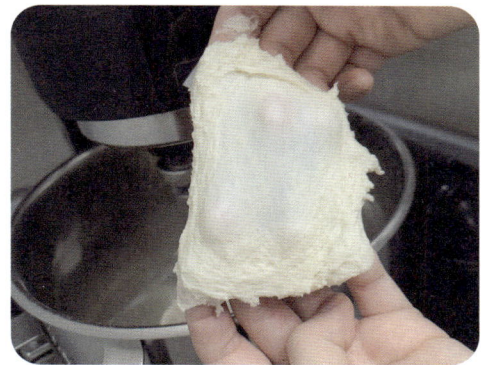

2 유지가 다 섞이면 중속으로 믹싱하여 발전 단계 후기 상태의 반죽을 만든다(반죽온도 25±1℃, 통밀 가루는 밀가루에 비해 입자가 거칠고 글루텐을 만들기 어려워 힘이 없기 때문에 믹싱을 90%만 하여, 반죽에 탄력성을 주며, 반죽온도가 낮으므로 중속으로만 믹싱하여 마찰열을 주지 않는다.).

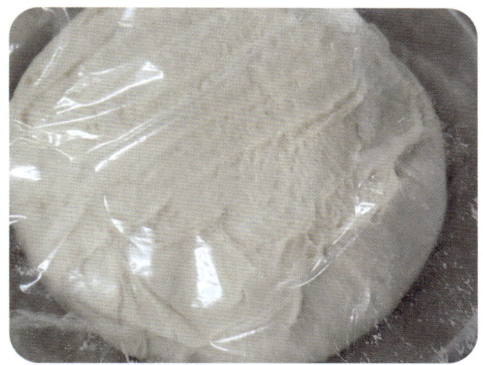

3 비닐을 덮어 온도 27℃, 습도 75~80%의 발효실에서 50분 전후로 1차 발효를 한다.

4 1차 발효하는 동안 오트밀을 계량한다(중간발효 때 준비해도 된다.).

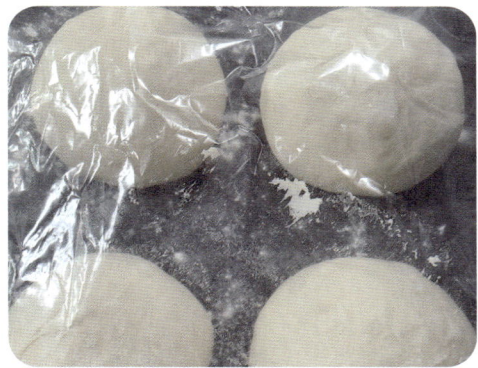

5. 1차 발효가 끝난 반죽 200g씩 분할한 후, 둥글리기를 하고, 비닐을 덮어 실온에서 약 10~15분간 중 간발효 한다.

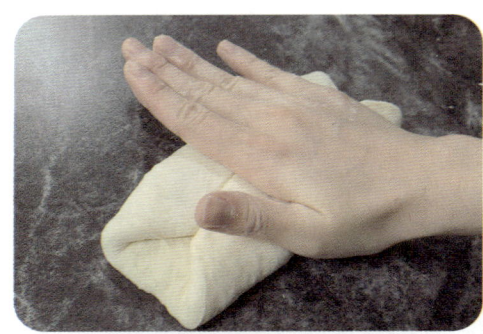
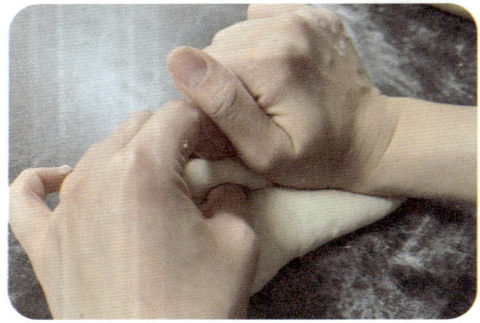

6 밀대를 이용하여 밀어펴서 가스를 뺀 후, 반죽을 뒤집어 3겹 접기를 하고, 위에서 아래로 말아준다
(베이글과 같은 방법).

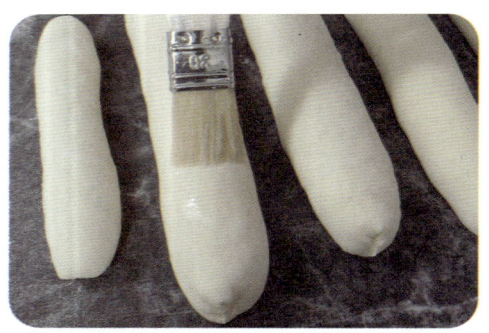

7 봉합을 했을 때의 길이는 22~23cm이며, 붓으로 윗면과 옆면에 물칠을 한 후, 바닥을 제외한 전면
에 오트밀을 묻혀준다(오트밀은 철판 위에 유산지를 깔고 준비하는 것이 깔끔하다.).

8 봉합이 아래로 가도록 하여 팬닝하고, 개수는 9개가 나오며, 4~5개씩 두 철판을 팬닝한다.

9 온도 35~40℃, 습도 85~90%의 발효실에서 약 30분간 2차 발효 후, 굽기 직전에 물을 분무하여 터짐을 방지한다(생략 가능).

10 윗불 190℃, 아랫불 160℃에서 15~20분 정도 굽기를 한다(팬닝 간격이 가깝기 때문에 옆면까지 색을 골고루 내려면 윗색이 나면, 윗불을 살짝 낮춰서 천천히 구워준다.).

11 냉각팬 위에 위생지를 깔고, 제출한다.

✎ 제품 평가

1. 밀대형 모양으로 오트밀이 골고루 묻어있고 색상이 고르게 나야 한다.
2. 터짐과 울퉁불퉁한 느낌 없이 길이가 일정해야 한다.

⁉ 많이 하는 질문 BEST

Q 굽기 후, 옆면이 터집니다.

A 2차 발효실의 습도가 부족하면 터질 확률이 높습니다. 굽기 전 옆면까지 물분무를 충분히 해 주세요(너무 많이 할 경우 질겨질 수 있으므로 주의).

스위트롤

부드러운 반죽에 계피설탕을 충전하여 돌돌 말은 후, 모양을 내어 만든 빵이다.

⏱ 시험 시간 : 3시간 30분

✎ 요구사항

스위트롤을 제조하여 제출하시오.

1. 배합표의 각 재료를 계량하여 재료별로 진열하시오(9분).

   - 재료계량(재료당 1분)→[감독위원 계량확인]→작품제조 및 정리정돈(전체시험시간-재료계량시간)
   - 재료계량 시간 내에 계량을 완료하지 못하여 시간이 초과된 경우 및 계량을 잘못한 경우는 추가의 시간 부여 없이 작품제조 및 정리정돈 시간을 활용하여 요구사항의 무게대로 계량
   - 달걀의 계량은 감독위원이 지정하는 개수로 계량

2. 반죽은 스트레이트법으로 제조하시오(단, 유지는 클린업 단계에 첨가하시오.).
3. 반죽온도는 27℃를 표준으로 사용하시오.
4. 야자잎형 12개, 트리플리프(세잎새형) 9개를 만드시오.
5. 계피설탕은 각자가 제조하여 사용하시오.
6. 성형 후 남은 반죽은 감독위원의 지시에 따라 별도로 제출하시오.

비율(%)	재료명	무게(g)
100	강력분	900
46	물	414
5	이스트	45(46)
1	제빵개량제	9(10)
2	소금	18
20	설탕	180
20	쇼트닝	180
3	탈지분유	27(28)
15	달걀	135(136)
212	계	1,908 (1,912)
✓ 충전용 재료는 계량시간에서 제외		
15	충전용 설탕	135(136)
1.5	충전용 계피가루	13.5(14)

✎ 믹싱 전 해야 할 일 & 재료 투입 순서

1. 이스트는 물에 용해 또는 잘게 다지기
2. 가루 재료(강력분, 제빵개량제, 탈지분유)→설탕, 소금→이스트 용해액 또는 이스트→물, 달걀

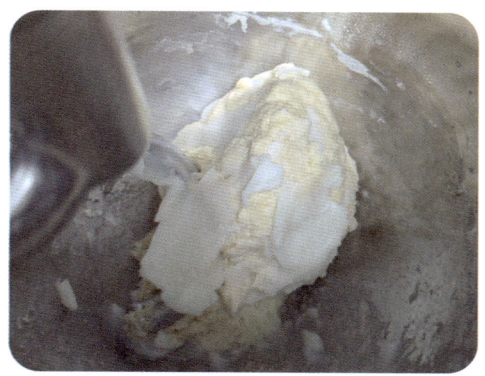

1 유지를 제외한 모든 재료를 믹서볼에 넣고 저속으로 믹싱한 후, 반죽이 한 덩이가 되는 클린업 단계에서 유지를 투입하여 저속 또는 중속으로 믹싱한다.

2 유지가 다 섞이면 중속 또는 고속으로 믹싱하여 매끈하고 윤기있는 최종 단계 상태의 반죽을 만든다(반죽온도 27±1℃).

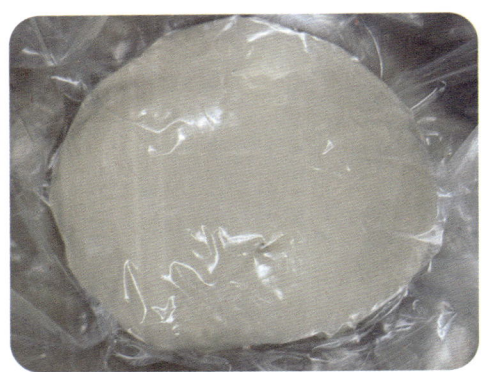

3 비닐을 덮어 온도 27℃, 습도 75~80%의 발효실에서 40분 전후로 1차 발효를 한다.

4 1차 발효가 끝난 반죽은 그대로 사각형으로 밀어펴는 것이 좋긴 하나, 시험장 작업대의 크기가 반죽보다 작을 경우를 대비하여 850~890g으로 똑같이 두 덩이로 나눈 후, 살짝만 둥글리기 하고 다시 비닐을 덮어 10분 정도 발효시킨다(그동안에 버터를 중탕으로 녹여 준비한다.).

5 세로 30~35cm, 두께 0.5cm 직사각형으로 밀어편 후, 봉합할 부분 2cm를 제외하고 녹인 버터를 붓으로 발라준다.

6 계피설탕을 골고루 뿌려준 후, 뭉침없이 잘 펼쳐준다(반죽을 두 덩이로 했을 경우 계피설탕도 정확히 두 개로 나눠준다.).

7 아래에서부터 위로 꼼꼼하게 당겨주며 말아주고, 터지지 않도록 일자로 잘 봉합한다.

8 스크래퍼를 이용하여 두께 1.5cm로 거의 끝부분 자르기 직전까지 잘라주고 펼쳐준다(칼집 한 번은 야자잎형, 칼집 두 번은 트리플리프이다.).

9 야자잎형 12개로 한 철판, 트리플리프(세잎새형) 9개로 한 철판을 만들고, 나머지 반죽은 감독위원의 지시에 따른다.

10 온도 35~38℃, 습도 80~85%의 발효실에서 약 30분간 2차 발효를 한다.

11 윗불 190℃, 아랫불 160℃에서 12~15분 정도 굽기를 한다.

12 냉각팬 위에 위생지를 깔고, 제출한다.

✎ **제품 평가**

1. 색상이 고르게 나야 하며, 두께와 크기가 일정해야 한다.
2. 말려있는 부분이 튀어나와 있거나, 벌어지지 않아야 한다.

⁉️ 많이 하는 질문 BEST

Q 말린 부분이 왜 벌어질까요?

A 계피설탕이 너무 많이 뭉쳐있었거나, 너무 헐렁하게 말았을 경우, 또는 2차 발효실의 습도가 높았을 때 윗면이 벌어지게 됩니다.

Q 말린 부분이 왜 튀어나왔을까요?

A 말기 시, 너무 단단하게 말았거나, 2차발효가 부족한 경우 튀어나오게 됩니다.

베이글

끓는 물에 살짝 데친 후, 구워서 겉은 바삭하고, 속은 쫄깃하며
가운데 구멍이 뚫린 링모양의 빵이다.

⏱ 시험 시간 : 3시간 30분

✎ 요구사항

베이글을 제조하여 제출하시오.

비율(%)	재료명	무게(g)
100	강력분	800
55~60	물	440~480
3	이스트	24
1	제빵개량제	8
2	소금	16
2	설탕	16
3	식용유	24
166 ~171	계	1328 ~1,368

1. 배합표의 각 재료를 계량하여 재료별로 진열하시오(7분).

   - 재료계량(재료당 1분)→[감독위원 계량확인]→작품제조 및 정리정돈(전체시험시간-재료계량시간)
   - 재료계량 시간 내에 계량을 완료하지 못하여 시간이 초과된 경우 및 계량을 잘못한 경우는 추가의 시간 부여 없이 작품제조 및 정리정돈 시간을 활용하여 요구사항의 무게대로 계량
   - 달걀의 계량은 감독위원이 지정하는 개수로 계량

2. 반죽은 스트레이트법으로 제조하시오.
3. 반죽 온도는 27℃를 표준으로 하시오.
4. 1개당 분할중량은 80g으로 하고 링모양으로 정형하시오.
5. 반죽은 전량을 사용하여 성형하시오.
6. 2차 발효 후 끓는 물에 데쳐 패닝하시오.
7. 팬2개에 완제품 16개를 구워 제출하고 남은 반죽은 감독위원의 지시에 따라 별도로 제출하시오.

✎ 믹싱 전 해야 할 일 & 재료 투입 순서

1. 이스트는 물에 용해 또는 잘게 다지기
2. 물은 감독위원의 지시에 따라 계량을 하고, 지시가 없을 경우 실내온도가 추우면 물의 양을 늘리고, 더우면 물의 양을 적게 하여 되기를 조절하는 것이 좋다.
3. 가루 재료(강력분, 제빵개량제, 탈지분유)→설탕, 소금→이스트 용해액 또는 이스트→물, 식용유

 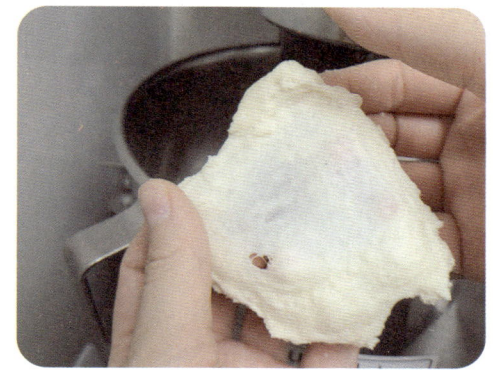

1 모든 재료를 믹서볼에 넣고 저속으로 믹싱한 후, 반죽이 한 덩이가 되는 클린업 단계에서 중속으로 믹싱하여 발전 단계 상태의 반죽을 만든다(반죽온도 27±1℃, 동그랗고 링모양을 유지하기 위하여 반죽의 탄력성이 최대인 발전단계까지만 믹싱한다.).

2 비닐을 덮어 온도 27℃, 습도 75~80%의 발효실에서 40분 전후로 1차 발효를 한다(1차 발효 동안 유산지를 준비하는데 한 장에 가로 4등분, 세로 4등분으로 자르면 총 16장이 나온다.).

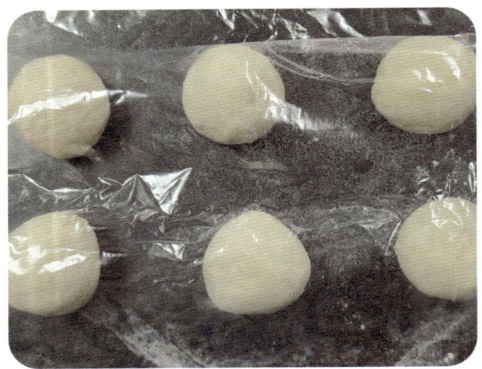

3 1차 발효가 끝난 반죽을 80g씩 분할한 후, 둥글리기를 하고, 비닐을 덮어 실온에서 약 15분간 중간 발효 한다.

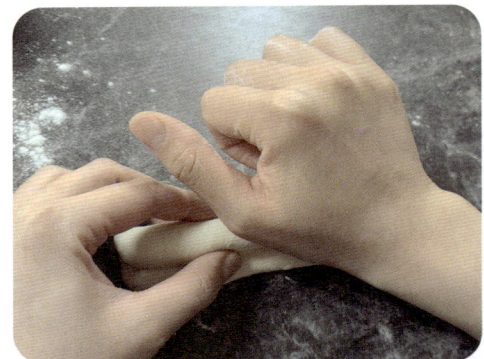

4 밀대를 이용하여 밀어펴서 가스를 뺀 후, 반죽을 뒤집어 3겹 접기를 하고, 위에서 아래로 말아준다 (통밀빵과 같은 방법).

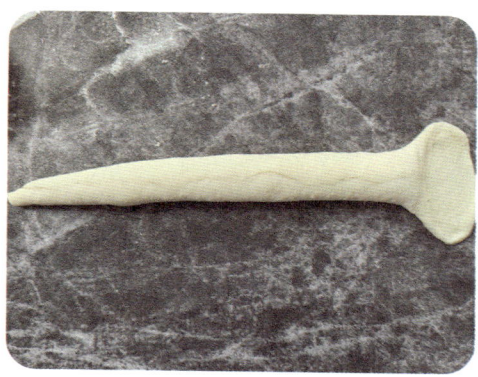

5 봉합을 했을 때의 길이는 25cm가 좋으며, 한 쪽 끝은 얇게 밀고, 한 쪽 끝은 밀대로 위아래로 밀어편 다(이 때, 봉합 부분은 위쪽으로 있어야 한다.).

6 얇은 부분을 밀어편 부분으로 살짝 걸치듯이 가져와 잘 봉해준다(이 때, 원형 속지름 4cm가 좋다.).

7 봉합부분이 아래로 가도록 하여 유산지 위에 올리고, 팬닝한다(유산지를 사용하지 않을 경우에는 아랫면에 덧가루를 묻혀준다. 8개씩 두 철판).

8 온도 35~40℃, 습도 85~90%의 발효실에서 약 20분간 2차 발효 한다(이 때 미리 물을 예열한다.).

9 실온에서 약간 건조 후, 유산지를 잡고 그대로 물 위에 올려, 4~6초 정도 데쳐준 후, 원형체 또는 나무주걱 두 개를 이용하여 뒤집으면서 유산지를 제거하고, 똑같이 4~6초 정도 데쳐준다(이 때, 물은 너무 뜨거우면 표면이 거칠게 나오므로 100℃가 넘지 않는 선에서 데치며, 너무 오래 데치면 모양이 퍼진다.).

10 건져서 물기를 제거한 후, 봉합 부분이 아래로 가게 하여 간격을 잘 맞춰 팬닝한다(2차 발효 및 데치기가 부족한 것 같으면 한 번 더 2차 발효를 10분가량 더 시켜도 된다. 그러나, 감독위원에 따라서 데치기 후 2차 발효를 못하게 할 수도 있으므로 참고).

11 윗불 200℃, 아랫불 180℃에서 15~20분 정도 굽기를 한다(팬닝 간격이 가깝기 때문에 옆면까지 색을 골고루 내려면 윗색이 나면, 윗불을 살짝 낮춰서 천천히 구워준다.).

12 냉각팬 위에 위생지를 깔고, 제출한다.

✎ 제품 평가

1. 황토빛 갈색으로 색상이 균일하다.
2. 표면이 거칠거나 주름이지지 않고, 광택이 나야 한다.
3. 가운데 구멍이 있는 통통한 링모양이다.

⁉ 많이 하는 질문 BEST

Q 끓는 물에 왜 데쳐야 하나요?

A 겉면에 있는 전분을 호화시킴으로써 광택을 주기 위해서입니다. 익은 겉면은 오븐에서 팽창이 되지 않으므로 쫄깃한 식감이 나오는 것입니다. 소량의 설탕을 넣고 광택을 더 좋게 할 수 있으나, 너무 오래 데칠 경우 부피가 작아질 수 있으므로 주의해야 합니다.

그리시니

수분함량이 적어 딱딱하지만 담백하며, 길쭉한 막대 형태의 이탈리아 빵이다.

시험 시간 : 2시간 30분

✎ 요구사항

그리시니를 제조하여 제출하시오.

비율(%)	재료명	무게(g)
100	강력분	700
1	설탕	7(6)
0.14	건조 로즈마리	1(2)
2	소금	14
3	이스트	21(22)
12	버터	84
2	올리브유	14
62	물	434
182.14	계	1,275 (1,276)

1. 배합표의 각 재료를 계량하여 재료별로 진열하시오(8분).

   • 재료계량(재료당 1분)→[감독위원 계량확인]→작품제조 및 정리정돈(전체시험시간−재료계량시간)
   • 재료계량 시간 내에 계량을 완료하지 못하여 시간이 초과된 경우 및 계량을 잘못한 경우는 추가의 시간 부여 없이 작품제조 및 정리정돈 시간을 활용하여 요구사항의 무게대로 계량
   • 달걀의 계량은 감독위원이 지정하는 개수로 계량

2. 전 재료를 동시에 투입하여 믹싱하시오(스트레이트법).
3. 반죽온도는 27℃를 표준으로 하시오.
4. 분할무게는 30g, 길이는 35∼40cm로 성형하시오.
5. 반죽은 전량을 사용하여 성형하시오.

✎ 믹싱 전 해야 할 일 & 재료 투입 순서

1. 이스트는 물에 용해 또는 잘게 다지기
2. 로즈마리 잘게 다지기(생략 가능)
3. 가루 재료(강력분)→설탕, 소금, 로즈마리→이스트 용해액 또는 이스트→물, 올리브유, 버터

 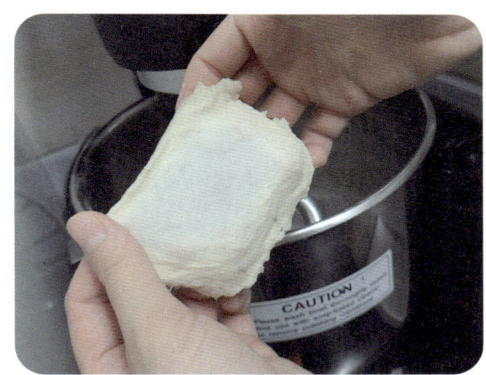

1 모든 재료를 믹서볼에 넣고 저속으로 믹싱한 후, 반죽이 한 덩이가 되는 클린업 단계에서 중속으로 믹싱하여 발전 단계 상태의 반죽을 만든다(반죽온도 27±1℃, 길쭉한 막대 모양을 유지하기 위하여 반죽의 탄력성이 최대인 발전단계까지만 믹싱한다.).

2 비닐을 덮어 온도 27℃, 습도 75~80%의 발효실에서 약 30분 정도 1차 발효를 한다.

3 1차 발효가 끝난 반죽 30g씩 분할한 후, 둥글리기를 하고, 스틱모양으로 만들어 예비정형을 한 후, 비닐을 덮어 실온에서 약 10분간 중간발효 한다(길게 밀어펴는 반죽이므로 예비정형을 하는 것이 정형 시 편리하다. 개수가 많기 때문에 둥글리기가 끝나면 처음 둥글린 반죽이 이미 발효가 다 된 상태이므로 처음 반죽부터 바로 정형을 진행한다.).

4 반죽을 길이 35~40cm로 길게 밀어편다(끝이 두껍거나 뾰족하지 않도록 하며, 한 번에 밀어펴기 힘들 경우, 3회 나누어 밀어펴는 방법도 있다.).

5 개수는 42개 정도 나오며, 한 팬에 10~11개씩 4개의 철판을 만든다(반죽을 당기면서 팬닝하면 구웠을 때, 반죽이 휘게 나오므로 밀어편 그대로 일자로 팬닝한다. 오븐에는 두 철판씩 들어가야 하므로, 두 철판 정형이 끝나면 발효실에 넣는다.).

6 온도 35~40℃, 습도 80~85%의 발효실에서 약 15분간 2차 발효한다(처음 만든 두 철판부터 굽기를 한다.).

7 윗불 210℃, 아랫불 180℃에서 15~20분 정도 굽기를 한다.

8 냉각팬 위에 위생지를 깔고, 제출한다.

✎ 제품 평가

1. 길이가 35~40cm로 일정하고, 휘지 않아야 한다.
2. 바삭한 느낌이 나야 하며 색상은 균일하게 나야 한다.

⁉ 많이 하는 질문 BEST

Q 굽기 후, 모양이 휘었어요.

A 팬닝 시, 양 끝을 당기면서 팬닝했거나, 아랫불 온도가 너무 세면 휠 수 있습니다.

Q 35~40cm 범위 내에만 길이를 만드는 것이 좋을까요?

A 네, 범위 내에서 하는 건 좋으나 약 40개가 들쑥날쑥하는 것보다는 예를 들어 38cm를 맞춘다고 가정했을 때, 모두 1cm 오차 범위 내에서 맞춰주시는 것이 좋습니다.

빵도넛

부드러운 발효 반죽으로 꽈배기형으로 만들어 튀긴 이스트 도넛으로
설탕이나 계피설탕을 묻혀서 먹는다.

🕐 시험 시간 : 3시간

✎ 요구사항

빵도넛을 제조하여 제출하시오.

1. 배합표의 각 재료를 계량하여 재료별로 진열하시오(12분).

> • 재료계량(재료당 1분)→[감독위원 계량확인]→작품제조 및 정리정돈(전체시험시간-재료계량시간)
> • 재료계량 시간 내에 계량을 완료하지 못하여 시간이 초과된 경우 및 계량을 잘못한 경우는 추가의 시간 부여 없이 작품제조 및 정리정돈 시간을 활용하여 요구사항의 무게대로 계량
> • 달걀의 계량은 감독위원이 지정하는 개수로 계량

2. 반죽을 스트레이트법으로 제조하시오(단, 유지는 클린업 단계에서 첨가하시오.).
3. 반죽온도는 27℃를 표준으로 하시오.
4. 분할무게는 46g씩으로 하시오.
5. 모양은 8자형 22개와 트위스트형(꽈배기형) 22개로 만드시오.
6. 반죽은 전량을 사용하여 성형하시오.

비율(%)	재료명	무게(g)
80	강력분	880
20	박력분	220
10	설탕	110
12	쇼트닝	132
1.5	소금	16.5(16)
3	탈지분유	33(32)
5	이스트	55(56)
1	제빵개량제	11(10)
0.2	바닐라향	2.2(2)
15	달걀	165(164)
46	물	506
0.3	넛메그	2.2(2)
194	계	2132.9 (2130)

✎ 믹싱 전 해야 할 일 & 재료 투입 순서

1. 이스트는 물에 용해 또는 잘게 다지기
2. 가루 재료(강력분, 박력분, 제빵개량제, 탈지분유, 바닐라향, 넛메그)→설탕, 소금→이스트 용해액 또는 이스트→물, 달걀

■ 유지를 제외한 모든 재료를 믹서볼에 넣고 저속으로 믹싱한 후, 반죽이 한 덩이가 되는 클린업 단계에서 유지를 투입하여 저속 또는 중속으로 믹싱한다.

2 유지가 다 섞이면 중속 또는 고속으로 믹싱하여 매끈하고 윤기있는 **최종 단계** 상태의 반죽을 만든다(**반죽온도 27±1℃**).

3 비닐을 덮어 온도 27℃, 습도 75~80%의 발효실에서 40분 전후로 1차 발효를 한다.

4 1차 발효가 끝난 반죽은 **46g씩 분할**한 후, 둥글리기를 하고, **스틱모양으로 만들어 예비정형**을 한 후, 비닐을 덮어 실온에서 약 10분간 중간발효 한다(길게 밀어펴는 반죽이므로 예비정형을 하는 것이 정형 시 편리하다. 개수가 많기 때문에 둥글리기가 끝나면 처음 둥글린 반죽이 이미 발효가 다 된 상태이므로 처음반죽부터 바로 정형을 진행한다.).

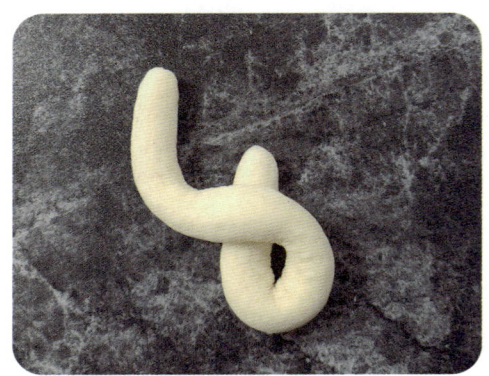

5 반죽을 길게 밀어 펴 **8자형은 25cm**를 맞춰 8자로 모양을 만든다.

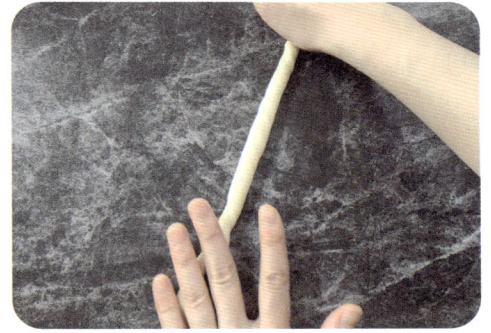

6 **트위스트형은 30~33cm**를 맞춰 양쪽 끝부분은 얇게 한 후, 꽈배기모양으로 성형하그 봉합 부분을 잘 봉한다.

7 개수는 46개 정도 나오며, 11~12개씩 4개의 철판을 만든다.

8 온도 30~32℃, 습도 80%의 발효실에서 약 30분간 2차 발효를 한다(이 때, 기름을 175~185℃로 예열한다.).

9 발효실에서 나온 반죽을 살짝 건조 후, 두꺼운 부분을 잡고 팬닝한 윗부분이 기름에 잠기도록 뒤집어 넣고, 색이 나면 뒤집어서 튀긴다(튀겼을 때, 옆면에 하얀선이 생겨야 발효가 잘 된 반죽이다.).

10 튀김망으로 건져서 기름을 빼준 후, 냉각팬 위에 위생지를 깔고, 제출한다(감독위원의 지시에 따라 설탕 및 계피설탕을 묻혀줄 수 있다.).

✎ 제품 평가

1. 옆면은 화이트라인이 있어야 하며, 색상이 고르게 나야 한다.
2. 트위스트형의 봉합부분이 풀리거나, 모양이 흐트러지지 않아야 한다.
3. 한 쪽면만 색상이 진하지 않도록 주의한다.

⁉ 많이 하는 질문 BEST

Q 화이트 라인이 한 쪽만 생겼어요.

A 정형 시, 가스가 고르게 빠지지 않았거나, 세게 잡아 당기듯이 정형하게 되면 균형이 맞지 않아 화이트라인이 한 쪽만 생길 수 있습니다.

Q 꽈배기 튀김 시, 자꾸 돌아갑니다.

A 발효가 부족했거나, 정형 시, 한쪽으로 치우쳐져 꼬게 된다면 자꾸 돌아갈 수 있습니다.

김연진

│ 약력 및 경력

- 한성대학교 경영대학원 호텔관광외식경영학 석사
- 제과 / 제빵 / 한식 / 양식 / 일식 기능사
- 케이크 데코레이션 2급
- 커피 바리스타 2급
- 베이커리 위생 관리사
- NCS 기반의 훈련과정 편성 이수
- NCS 기반의 훈련과정 평가실무 이수
- 월드푸드콘테스트 유럽빵부문 금상 기술코치
- 반려동물 베이커리 전문가 자격증
- 반려동물 수제간식 전문가 자격증
- 펫푸드 지도사(2급)
- 반려동물 베이커리 전문가 테크니션 심화과정
- 前 리츠칼튼 서울 호텔 베이커리 근무
- 前 구미제과제빵학원 강사
- 前 둔산음식나라조리제과커피학원 제과제빵 강사
- 前 한국생명과학고등학교 방과 후 학교 제과기능사 강의
- 前 FBI제과제빵커피학원 제과제빵 강사
- 前 CIK 한국외식조리직업전문학교 고교위탁 제과제빵 강사
- 現 유튜버 빵선생의 과외교실

2026 제과제빵기능사 실기

발행일 2025년 9월 10일(4쇄)

발행인 조순자

발행처 인성재단(종이향기)

편저자 김연진

편집·표지디자인 김지원

※ 낙장이나 파본은 교환해 드립니다.
※ 이 책의 무단 전제 또는 복제행위는 저작권법 제136조에 의거하여 처벌을 받게 됩니다.

정 가 26,000원   **ISBN** 979-11-7491-011-0

신기율

제과기능사 실기 요약핵심노트

✓재료 계량 후, 이것부터 준비합시다. ☞ 오븐켜기, 재치기, 틀준비, 전처리

케이크종류	반죽법	실기 요약	핵심 포인트	비중	온도/시간
버터 스펀지 케이크(공)	공립법	1. 전란→설탕, 소금 넣고 믹싱(아이보리색상, 휘퍼자국 3-5초) 2. 가루 혼합→용해 버터 이중 혼합 3. 팬 4개에 50~60% 팬닝	✓ 바터부터 용해 시킬 것(바터 온도는 50도를 넘지 않게) ✓ 전란에 설탕 넣어 중탕온도 43℃ 확인 ✓ 굽기 직전과 굽기 직후, 작업대에 내려치기		180/160 30분 전후
버터 스펀지 케이크(별)	별립법	1. 노른자→설탕A, 소금 넣고 믹싱(연한 노란색, 결 3-5초) 2. 흰자→설탕B 넣고 믹싱하여 중간 피크 상태의 머랭 제조 3. 노른자 반죽→머랭 1/3→가루재료→바터 이중혼합→나머지 머랭 혼합 4. 팬 4개에 50~60% 팬닝	✓ 노른자는 터지지 않게 계량 및 분리 할 것 ✓ 바터부터 용해 시킬 것(바터 온도는 50도를 넘지 않게) ✓ 굽기 직전과 굽기 직후, 작업대에 내려치기 ✓ 비중이 급방 높아지는 제품이므로 신속하게 할 것		
젤리 롤케이크	공립법	1. 전란→설탕, 소금 넣고 믹싱(아이보리색상, 휘퍼자국 3-5초) 2. 가루 혼합→우유 혼합 3. 평철판에 부어 두께 맞춰주기 4. 비중측정한 반죽에 캐러멜 색소 섞어 진한 갈색 만들고 색소를 짤 때의 두께는 0.3~0.5cm가 적당, 색소와 색소 사이의 간격은 3cm, 짓기라과의 간격은 4cm 5. 구운 직후, 냉각팬에 옮겨 살짝 식힌 후, 물에 적신 면포 또는 기름종이 유산지 위에 뒤집어 엎어 물 분무하여 유산지 제거 6. 스크래퍼로 앞 부분 눌러주고, 젤 고르게 발라 긴 밀대로 말아서 실격 고정시켜놓기 7. 연포 및 유산지 제거하여 제출	✓ 전란에 설탕 넣어 중탕온도 43℃ 확인 ✓ 우유는 오랫동안 섞지 않으며, 너무 차가우면 따뜻한 물에 받쳐 찬기를 빼준다. ✓ 비중 측정한 반죽에 색소를 탄다(가벼운 반죽에 색소를 섞어야 반죽이 많이 무거워지지 않음). ✓ 평철판에 붓고, 색소를 짜기 전에 작업대에 내려쳐 일정한 기포 형성 ✓ 굽기 직후 작업대에 내려쳐서 수분 날리기	0.45-0.55	180/160 25분 전후

케이크류	반죽법	실기 요약	핵심 포인트	비중	온도/시간
스펀지 케이크	별립법	1. 노른자→섬림A, 물엿, 소금 넣고 믹상(연한 노란색 결 3-5초)→물 혼합 2. 흰자→섬림B 넣고 믹싱하여 중간 피크 상태의 머랭 제조 3. 노른자 반죽→머랭 1/3→가루재료→식용유 이중훈합→나머지 머랭 혼합 4. 평철판에 부어 두께 맞춰주기 5. 비중측정한 반죽에 캐러멜 색소 전화 검색 만들고 색소를 뺄 때의 두께는 0.3~0.5cm가 직단, 색소와 색소 사이의 간격은 3cm, 장기탄과의 간격은 4cm 6. 구운 직후, 냉각팬으로 옮겨 식힌 후, 몸에 작신 직신 누르는 기름칠한 유산지 위에 뒤집어 얹어 몰무흐하여 유산지 제거 7. 스크래퍼로 앞 부분 눌러주고, 짐 고르게 발라 긴 밀대로 말아서 실쩍 고정시켜놓기 8. 면포 및 유산지 제거하여 제출	✔ 노른자는 터지지 않게 개온 할 것 ✔ 노른자 믹싱 후, 물을 혼합할 때, 너무 오랫동안 혼합하지 않음 ✔ 비중 측정한 반죽에 색소를 타면(가벼운 반죽에 색소를 섞이야 반죽이 많이 무거워지지 않음 ✔ 평철판에 붓고, 색소를 짜기 전에 직업대에 내려쳐서 일정한 기포 형성 ✔ 굽기 직후 작업대에 내려쳐서 수준 날리기	0.45 - 0.55	180/160 25분 전후
초코 롤케이크	공립법	1. 전란→섬탐, 소금 넣고 믹싱(아이보리색/ 휘퍼자국 3-5초) 2. 가루 혼합→우유, 물 혼합 3. 평철판에 부어 두께 맞춰주기 4. 굽기 시, 가나슈 제조(대온 생크림→초콜릿→럼) 5. 구운 직후, 냉각팬에 옮겨 직신히 식힌 후, 뒤집어 유산지 제거 6. 몸에 작신 면포 또는 기름칠한 유산지 위에 엇면이 보이도록 편, 스크래퍼로 앞 부분 눌러주고, 가나슈 고르게 발라 긴 밀대로 말아서 실쩍 고정시켜놓기 7. 면포 및 유산지 제거하여 제출	✔ 전란에 섬탐 넣어 중탐으로도 43℃ 확인 ✔ 구운 직후, 냉각팬으로 옮겨 냉각을 직업히 시켜야 가나슈가 녹지 않음 ✔ 가나슈는 뜨겁지 않고 따뜻한 정도로만 유지하여 녹여주기 ✔ 가나슈가 진 경우에는 전량을 받쳐 놓고, 너무 굳어있으면 실쩍 중탐하여 되기를 맞 취출 것 ✔ 코코아 피우더가 뭉쳐서 점벙이가 되지 않기 위해, 무유와 물은 치가지 않도록 준비 ✔ 굽기 직전과 굽기 직후, 작업대에 내려치기		180/160 15분 전후

케이크 종류	반죽법	실기 요약	핵심 포인트	비중	온도/시간
흑미 롤케이크	공립법	1. 전란→설탕, 소금 넣고 믹싱(아이보리 색상, 휘퍼자국 3-5초) 2. 가루 혼합→우유 혼합 3. 평철판에 부어 두께 맞추기 4. 굽기 시, 생크림 믹싱(되직한 상태) 5. 구운 직후, 냉각팬에 옮겨 유산지 제거 6. 물에 적신 면포 또는 기름칠한 유산지 위에 윗면이 보이도록 올려, 스크레퍼로 앞 부분 눌러주고, 생크림 고르게 발라 긴 밀대로 말아서 살짝 고정시켜놓기 7. 연포 및 유산지 제거하여 제출	✓ 전란에 설탕 넣어 중탕 온도 43℃ 확인 ✓ 구운 직후, 냉각팬으로 옮겨 냉각을 적당히 시켜야 생크림이 녹지 않음 ✓ 우유는 차갑지 않도록 준비하여 반죽 온도가 낮아지지 않도록 주의 ✓ 굽기 직전과 굽기 직후, 작업대에 내려치기 ✓ 흑미쌀가루의 종류에 따라 색상 차이가 있음	0.45 - 0.55	180/160 15분 전후
파운드 케이크	크림법	1. 버터→설탕, 소금, 유화제 넣고 크림화(양 냉고, 색 연해짐) 2. 달걀 나누어 투입하여 크림상태로(설탕 100% 용해) 3. 가루 혼합 4. 틀 4개에 70% 팬닝(640~650g)→가운데 U자 모양 5. 오븐에 넣고 윗 색이 살짝 나면(10분 정도) 오븐에서 꺼내 윗면에 일자로 칼집 내고 오븐으로 낮춰서 다시 굽기	✓ 유화제가 있다고 하더라도, 충분히 믹싱할 것 ✓ 칼집을 낼 때, 양가 1cm를 제외하고 통칼하듯이 자르기 ✓ 스패튤라는 제품 하나 자를 때마다, 젖은 행주에 닦아가며 깨끗한 상태로 자르는 것이 예쁘게 나옴 ✓ 굽기 직후 작업대에 내려쳐서 수분 날리기	0.8 - 0.9	190/170→ 윗면트고 170/170 총 35~40분
초코머핀		1. 버터→설탕, 소금 넣고 크림화(양 많고, 색 연해짐) 2. 달걀 나누어 투입하여 크림상태로(설탕 100% 용해) 3. 가루 혼합→물 혼합→초코칩 혼합 4. 머핀 틀에 70% 팬닝	✓ 분리 나지 않도록 최대한 크림화를 많이 시킬 것 ✓ 20개를 맞춰야 할 경우 70% 팬닝, 24개를 맞춰야 할 경우 60~65% 팬닝하며 처음부터 양을 맞추려 하기 보다는 대략적으로 맞춘 후, 남은 반죽을 모자란 부분에 제위 넣으면 편함	-	180/160 25분 전후

케이크류	반죽별	실기 요약	핵심 포인트	비중	온도/시간
마데라(컵케이크)	크림법	1. 버터→설탕, 소금 넣고 크림화(양 많고, 색 연해짐) 2. 달걀 나누어 투입하여 크림상태(설탕 100% 용해) 3. 가루 혼합→포도주 혼합→건포도, 호두 혼합 4. 머핀 틀에 70% 팬닝 5. 굽기 후, 붓으로 윗면에 럼을 바르고, 오븐에서 말리기	✔ 건포도는 포도주에 넣어서 전처리하고, 럼이나 버번 또는 다른 용기로 담아 둘 것 ✔ 분리 나지 않도록 최대한 크림화를 많이 시킬 것 ✔ 20개를 맞춰야 할 경우 70% 팬닝, 24개를 맞춰야 할 경우 60~65% 팬닝하며 처음부터 양을 맞춰 하기 보다는 대략적으로 맞춘 후, 남는 반죽을 모자란 부분에 채워 넣으면 편함 ✔ 종류은 미리 만들면 굳을 수 있으므로, 굽기 시 계량하고, 바르기 직전에 담아려리 ✔ 윗면에 럼을 바르고, 5~10분 정도 말려주며, 색이 진하면 까진 오븐에서, 색이 연하면 이럇물만 끼고 말릴것	-	180/160 25분 전후
과일케이크	별립법 (크림법 +머랭)	1. 마가린→설탕(50%), 소금 넣고 크림화(양 많고, 색 연해짐)→노른자 나누어 투입하여 넣어 크림상태(연한 노란색) 2. 흰자→설탕(50%) 넣고 믹싱하여 중간 피크 상태의 머랭 제조 3. 노른자 반죽→머랭 1/3→가루재료→우유→럼주와 과일→나머지 머랭 혼합 4. 주어진 틀에 70% 팬닝(파운드 틀일 경우 가운데 U자 모양)	✔ 노른자는 타지지 않게 개어 및 분리할 할 것 ✔ 체리는 절게 잘라서, 건포도, 오렌지필을 섞어놓을 것 ✔ 보통 3호 원형팬 기준 3개, 파운드 틀 기준 4개 정도의 양이 나오나, 감독위원의 지시에 따라 달라질 수 있음		180/160 35분 전후
치즈케이크	별립법 (크림법 +머랭)	1. 버터, 크림치즈→설탕A 혼합→노른자 혼합→우유, 레몬주스, 럼 순서대로 혼합 2. 흰자→설탕 넣고 믹싱하여 젖은 피크와 중간 피크의 상태의 머랭 제조 3. 노른자 반죽→머랭 1/3→가루재료→나머지 머랭 혼합 4. 80% 팬닝(패닝은 틀일 경우 가운데 U자 모양)	✔ 치즈케이크 틀에는 버터와 설탕을 바를 것 ✔ 버터와 크림치즈부터 충분히 풀어줄 것(덩어리 없을 때까지, 버터와 크림치즈의 온도가 다를 경우 각각 풀어준 후, 혼합) ✔ 비중이 높은 편의 제품이므로 노른자 반죽을 믹싱을 하지 않음 ✔ 머랭은 중간피크의 젖은피크의 사이로 하며, 가루 혼합시 덩어리가 잘지므로 잘어 ✔ 중탕 굽기 시 철판의 1/4정도의 깊이만 물을 넣을 때(물을 너무 많이 넣음) ✔ 중간에 과한 수증기가 생길 경우 또는 윗면이 깨질 것 같은 느낌이 들 때, 오븐 한 번씩 열어서 수증기를 빼줄 것	0.7-0.8	150/150 45분 전후

케이크류	반죽법	실기 요약	핵심 포인트	비중	온도/시간
브라우니	1단계법	1. 초콜릿 + 버터 혼합하여 중탕(30~35℃) 2. 달걀 중탕(30~35℃) 3. 1과 2 혼합 후, 가루 혼합 → 호두(1/2) 혼합 4. 팬 두 개에 팬닝하여 윗면에 호두 굵고루 뿌리기	✔ 호두는 평철판에 펼쳐 예열된 오븐에 8분 전후로 굽기 ✔ 초콜릿 + 버터와 달걀 혼합시 각각 30~35℃ 전후로 맞출 것(온도가 비슷해야 분리 나지 않음) ✔ 혼합 시, 공기를 포집하지 않음 ✔ 가루 혼합 시, 글루텐이 생기지 않도록 가볍게 섞을 것	-	170/160 30분 전후
시퐁케이크	시퐁법	1. 노른자 → 설탕A, 소금 → 물 → 가루재료 → 식용유 혼합 2. 흰자 → 설탕B 넣고 믹싱하여 중간 피크 상태의 머랭 제조 3. 노른자 반죽 → 머랭은 2회 나누어 혼합 4. 주어진 틀에 60% 팬닝 5. 오븐에서 나오자마자 뒤집어서 냉각 6. 행주에 찬물을 적셔 물기를 짜고 팬에 올리면 빼르게 냉각할 수 있으며, 행주가 뜨거워지면 다시 찬물에 적셔 올리는 것을 반복 7. 가장자리를 눌러 분리하고, 팬이 바닥부분은 뒤집어서 옆면을 살짝씩 돌려가며 떼어 분리	✔ 틀에는 물 분무 후, 뒤집어 놓기(물고임 방지). ✔ 노른자는 혼합만 하며, 순서는 바꿔어도 상관 없으나 매끈하고 덩어리지지 않게 혼 합할 것 ✔ 팬닝 시 기동에 반죽이 묻는다고 해서 닦아내지 말 것 ✔ 굽기는 잇던 탄력만 보는 것이 아니라 기둥쪽에 노릇하게 났는지 보고 꺼낼 것 ✔ 바닥부분이 잇면이 되며, 냉각팬 위에 위생지를 깔고, 제출할 것	0.45 - 0.55	180/170 35분 전후

구기류	반죽법	실기 요약	핵심 포인트	온도/시간
버터쿠키	크림법	1. 버터→설탕, 소금 넣고 크림화(알 맞고, 색 연해짐) 2. 달걀 나누어 투입하여 크림샹테섬탕 60% 용해) 3. 가루 혼합 4. 정미모양(지름 4cm), 8자짜임(가로 3cm, 세로 7cm) 팬닝	✓ 8자 정미를 짤 때에는 각각 다른 철판에 팬닝하는 것이 보기 좋음 ✓ 섬탕을 많이 녹이면 모양이 퍼지고 결이 사라지므로 주의할 것	200/150 10분 전후
쇼트 브레드 쿠키	크림법	1. 버터, 쇼트닝→설탕 넣고 크림화(알 맞고, 색 연해짐) 2. 달걀과 가루 합쳐서 나누어 투입하여 크림샹테섬탕 60% 용해) 3. 가루 혼합→납작하게 하여 비닐에 감싸 냉장휴지 20~30분 4. 살짝 치댄 후, 두께 0.7~0.8cm로 밀어(때 찍어낸 후, 팬닝 5. 붓으로 노른자 알게 두 번 바르기 6. 포크무늬내기	✓ 배합표에 들어있는 노른자는 반죽 속에 들어가는 노른자고, 윗면에 바르는 노른자는 따로 계란을 깨서 준비할 것 ✓ 반죽끼리 뭉쳐 팽남할 것 ✓ 지루터리 윗면의 최소화하고, 덧가루를 너무 많이 팽님할 것 ✓ 노른자 양이 많으면 포크 무늬가 사라지므로 주의하고, 포크에 묻은 노른자는 제 품 한 개 당 한 번씩 행주에 닦아서 무늬를 내야 지저분하지 않음	180/160 10~15분
다쿠와즈	머랭법	1. 흰자→설탕 넣고 믹싱하여 건조 피크 상태의 머랭 제조 2. 체질한 가루 재료(머랭 2회 나누어 넣어 80% 혼합 3. 실리콘페이퍼를 깐 평철판에 틀을 올려 짤주머니에 반죽을 담아 틀보다 살짝 올라 오게 짜주기 4. 스크래퍼로 윗면을 평평하게 정리 5. 틀 제거 후, 분당은 직접이 2회 치기 6. 구운 후, 떼어 내서 샌드용 크림으로 2개 붙이기	✓ 섬탕양이 적으므로 머랭이 퍼석퍼석한 느낌이 들며, 휘심히 올려줄 것 ✓ 가루를 섞을 때에 80%만 섞기(가루는 없지만 머랭 덩어리가 살짝살짝 보이는 정도) ✓ 스크래퍼에 묻은 반죽을 털어내고 사지 말 것 ✓ 위에 뿌리는 분당은 배합표에 있는 분당이 아니라 따로 세로 준비하는 것이나 주의할 것	170/160 15분 전후
마들렌	1단계법	1. 체질한 가루재료→설탕, 소금 혼합 2. 달걀 풀어서 애순해질 때까지 혼합 3. 재운경질 혼합→버터 중탕하여 혼합 4. 비닐 씌워 30분 정도 실온 휴지(이 때, 틀에 녹인 쇼트닝 바르기) 5. 짤주머니에 반죽 담아 80% 팬닝(수철판~두철판 반)	✓ 버터부터 중탕 용해할 것(여름철 35~40℃, 겨울철 40~45℃), ✓ 계란은 풀어서 한 번에 넣고 애끄해질 때까지 혼합 ✓ 휴지가 끝나면 농도가 되직해지므로, 한 번 주걱으로 저어서 사용할 것 ✓ 조개 모양이 있으므로 뇌이게 하여 재출할 것	170/160 15분 전후

파이, 타르트	반죽법	실기 요약	핵심 포인트	온도/시간
타르트	크림법	1. 버터 → 설탕, 소금 넣고 크림화(양 많고, 색 연해짐) 2. 달걀 나누어 투입하여 크림상태(설탕 60% 융해) 3. 가루 혼합 후, 납작하게 하여 비닐에 감싸 냉장휴지 20~30분 4. 냉장 휴지 한 동안에 위와 같은 방법으로 충전물 제조(버터→설탕, 소금→달걀→아몬드분→브랜디) 5. 냉장 휴지 끝난 반죽 가져와 두께이 8등분 한 후, 덧가루 없이 상작 치대어, 밀대를 이용하여 두께 0.3cm인 원형 밀어펴기 6. 틀에 얹은후, 스크래퍼로 가장자리 정리하고 포크 구멍 내기 7. 원형깍지를 낀 짤주머니에 이몬드 반죽을 담아 원형으로 평평하게 60~70%정도 팬닝하고 아몬드 슬라이스 얹기 8. 굽는 동안 광택제 제조(혼당에 물 넣어 혼합 후, 끓이기) 9. 굽기 후, 틀에서 제거하고 광택제 바르기	✔ 두께 3mm는 자료 제거 말고, 원형으로 밀어펴서 틀을 올려봤을 때, 틀보다 2cm 여백이 남으면 거의 알맞음 ✔ 반죽을 틀에 넣을 때에는 최대한 반죽을 틀고 앉듯이 앉히듯이 일차 시킴(손으로 얇게 누르는 건 아님) ✔ 광택제는 뜨거울 때 바르면 몽침없이 잘 발림 ✔ 충전물 색깔은 진한 주황 빛이고, 타르트 반죽 색깔은 황토빛을 내어준다. ✔ 굽는 도중, 타르트 반죽 색 연한데 충전물 반죽 색 진할 경우, 윗불을 더 낮추고, 이쯤물을 살짝 높여 타르트 반죽에 색을 내어줄 것	철판반처 170/190 20분 전후
후두파이	스크롤 랜드식	1. 가루재료 작업대 위에 체질→버터 올리고 스크래퍼로 콩알크기만큼 다지기 2. 가운데 움푹 파 설탕과 소금 녹인 물에 생크림과 노른자를 넣고 섞고 섞은 혼합한 액체를 넣어 다지 듯이 혼합하며 한덩어리 만들기 3. 납작하게 만들어 비닐에 감싸 냉장휴지 20~30분 4. 휴지할 동안 후두를 평철판에 펼쳐 예열된 오븐에 8분 전후로 굽기 5. 스텐볼에 설탕, 물엿, 개료가루, 물을 넣고 설탕이 녹을 때까지 중탕 6. 달걀 풀어준 후, 5번에 기포가 생기지 않도록 혼합하고, 체에 거르기→위생지 엮어 기포 제거 7. 냉장 휴지된 반죽 가져와 두께이 7등분 한 후 원형 밀어펴기 8. 틀에 얹은 후, 가장자리 스크래퍼로 정리 후 물질무늬 내기 9. 포크 구멍 내고 후두 분배하여 담은 후 충전물 70~80% 붓기	✔ 유지는 차가운 상태가 제일 좋음 ✔ 설탕, 물엿, 물 개료당이 중탕 할 때, 뜨겁지 않도록 주의(뜨거우면 다음에 들어갈 개란이 익음) ✔ 충전물 체에 거를 때, 스텐볼과 체의 거리를 낮게 낮게 걸쳐 걸러주어야 기포가 적이 ✔ 생기지 않으며, 틀에 붓기 직전한 번 저어서 붓기 ✔ 휴지가 부족하거나, 반죽을 많이 치대면 굽기 후, 반죽이 안으로 말려들어갈 수 있으므로 주의 ✔ 충전물이 새는 것을 방지하기 위하여 포크 구멍은 많이 내지 않고, 두께워 보이는 쪽으로 담을 내어줄 것	철판반처 170/190 35분 전후

반죽별	실기 요약	핵심 포인트	온도/시간
슈 호화법	1. 물, 버터, 소금 팔팔 끓이기 2. 중력분 넣어 충분히 볼 위에서 호화 3. 달걀 나누어 투입하여 농도 조절 4. 1cm 원형깍지를 끼운 짤주머니에 반죽 담아 두께 1cm, 직경 3cm의 원형으로 짜기 5. 물분무 충분히 뿌려준 후 굽기 6. 냉각 후, 이랫면에 나무젓가락으로 구멍을 내고, 0.5cm 원형깍지를 끼운 짤주머니에 충전용 크림을 담아 충전하기	✓ 커스터드 크림을 충전하는 시간까지 2시간이므로 빨리 진행할 것 ✓ 호화는 반죽이 볼고르마 느낌이 나면 완료 ✓ 팬닝 시, 간격을 충분히 둘 것 ✓ 굽기 시 겹색 나기 전까지 절대로 열지 않기	160/180→ 표면이 건조되고 겹란과자 같은 느낌으로 부풀면 180/160 총 30분 전후

💡 알아두면 유용한 10가지 팁!

1. 비중컵은 직접 옹기(뮤게, 풀무게, 반죽무게를 중이에 직고 계산기까지 해서 감독위원에게 제출한다.
2. 달걀이 차가우면 반죽되기가 낮을 수 있으고, 크림법 막성 시 분리가 날 수 있으므로, 40℃의 물에 달가가 찬기를 빼 준다.
3. 비중이 높아지면 팬닝하는 것 맞고는 남고는 방법이 없고, 낮을 경우에는 조금 더 지어서 비중을 높여준다.
4. 틀이 있는 제품들을 오븐에 넣을 경우, 지개자로 넣어 연전도의 효율을 높인다.
5. 거품형 케이크는 팬닝 후, 기포를 일러오으면 직업대에 내려처 윗면이 기포 형성을 일정하게 하고, 오븐에 넣으면 윗면이 깨끗하게 정리 되지만, 반죽형 케이크는 기포가 있다고 해서, 작업대에 편칭하면 유지방이 가라앉아서 속을 찾을 때, 노란 선이 생길 수 있으므로 생략하는 것이 좋다단. 물개이크라는 색소를 짜고나서 편칭하면 색소가 가라앉으니 색소를 짜기 전에 편칭한다).
6. 쿠키류를 구울 때에 있어서 색이 나기 때문에, 전체 색이 나면 돌려주기 해서 색상을 맞춰준다.
7. 크림법에서 유지가 차갑고 단단한 경우, 뜨거운 물에 작은 생이 이미 돗다. 그러므로 작은 생이 나면 돌려주거나 따뜻한 물에 살짝 반자서 풀어준다(떼였다 불었다를 반복하며 유지가 녹지 않도록 녹이는 것이 포인트).
8. 시럼정에서 모든 제품은 손익서 또는 기계믹싱 선택할 수 있으니, 유지나 달걀양이 작은 경우 믹서에 돌아가지 않을 수 있으므로 주의한다.
9. 휴지를 시키는 제품들은 충분한 휴지를 주지 않으면 공기 후, 좋지 않은 영향이 있으므로 빼르게 빼주어 남작하게 만들어 휴지한다.
10. 한 가지 공정을 실패했다 하더라도 떨어지지 않으니, 절대 포기하지 않고 끝까지 해낸다.

제빵기능사 실기 요약 핵심노트

✓ 믹싱 전 해야 할 일 & 재료 투입 순서 : 이스트는 물에 용해 또는 잘게 다지기 & 가루재료 → 설탕, 소금 → 이스트 용해액 또는 이스트 → 물, 달걀 등 액체재료

식빵	믹싱 단계	실기 요약	핵심 포인트	1차발효 완료점	2차발효 완료점	온도/시간
식빵 (비상 스트레이트법)		1. 유지 제외한 모든 재료 넣어 저속으로 혼합 2. 클린업 단계에서 유지 넣고 저속 또는 중속으로 혼합 3. 유지 다 섞이면 중속 또는 고속으로 믹싱				
	최종단계 후기	4. 1차 발효 후, 170g씩 분할하고 둥글리기 → 중간발효 5. 밀어펴기 → 뒤집어 3겹접기 → 누르기 → 양 가 위쪽 꼬부분 안쪽으로 살짝 집 은 후, 돌돌 말아 봉함 6. 세 덩어리씩 한 팬에 팬닝(식빵틀 4개) → 펀치 7. 2차 발효 후, 굽기 8. 굽기 후 작업대 위에 팬창하고 즉시 틀 제거	✓ 비상 반죽법이므로 최종단계 막 혼인 후 3~5분정도 더 믹싱 ✓ 말기 시 너무 단단하게 누르면서 말지 않고, 달팽이 모양이 되야 함 은 방향으로 하여 팬닝	15~30분	틀 위 0.5cm	
우유식빵		1. 유지 제외한 모든 재료 넣어 저속으로 혼합 2. 클린업 단계에서 유지 넣고 저속 또는 중속으로 혼합 3. 유지 다 섞이면 중속 또는 고속으로 믹싱				
	최종단계	4. 1차 발효 후, 180g씩 분할하고 둥글리기 → 중간발효 5. 밀어펴기 → 뒤집어 3겹접기 → 누르기 → 양 가 위쪽 꼬부분 안쪽으로 살짝 집 은 후, 돌돌 말아 봉함 6. 세 덩어리씩 한 팬에 팬닝(식빵틀 4개) → 펀치 7. 2차 발효 후, 굽기 8. 굽기 후 작업대 위에 팬창하고 즉시 틀 세서	✓ 말기 시 너무 단단하게 누르면서 말지 않고, 달팽이 모양 같 은 방향으로 하여 팬닝	40분 전후	틀 위 0.5cm	170/180 30분 전후

식빵	믹싱단계	실기요약	핵심 포인트	1차발효 완료점	2차발효 완료점	온도/시간
옥수수식빵	발전단계 후기	1. 유지 제외한 모든 재료 넣어 지속으로 혼합 2. 클린업 단계에서 유지 넣고 지속 또는 중속으로 혼합 3. 유지 다 섞이면 중속 또는 고속으로 믹싱 4. 1차 발효 후, 180g씩 분할하고 둥글리기 → 중간발효 5. 밀어펴기 → 뒤집어 3겹접기 → 누르기 → 양 가 위쪽 끝부분 안쪽으로 살짝 집은 후, 둘둘 말아 봉함 6. 세 덩이씩 한 팬에 팬닝(식빵틀 4개) → 팬지 7. 2차 발효 후, 굽기 8. 굽기 후 작업대 위에 팬칭하고 죽시를 제거	✔ 옥수수 분말은 글루텐을 만들기 어려워 힘이 없기 때문에 믹싱을 90%만 하며, 반죽 손실이 많으므로 주의 ✔ 밀어펴기 시 잘 찢어지므로 중간발효 넉넉하게 가져줄 것 ✔ 밀기 시 너무 단단하게 누르면서 밀지 않고, 덥렁이 모양은 방향으로 해야 팬닝	40분 전후	틀 위 0.5cm	170/180 30분 전후
쌀식빵	최종단계	1. 유지 제외한 모든 재료 넣어 지속으로 혼합 2. 클린업 단계 넣고 지속 또는 중속으로 혼합 3. 유지 다 섞이면 중속 또는 고속으로 믹싱 4. 1차 발효 후, 198g씩 분할하고 둥글리기 → 중간발효 5. 밀어펴기 → 뒤집어 3겹접기 → 누르기 → 양 가 위쪽 끝부분 안쪽으로 살짝 집은 후, 둘둘 말아 봉함 6. 세 덩이씩 한 팬에 팬닝(식빵틀 4개) → 팬지 7. 2차 발효 후, 굽기 8. 굽기 후 작업대 위에 팬칭하고 죽시를 제거	✔ 쌀가루 자체는 글루텐을 만들기 어렵지만, 제과제빵용에 사용되는 쌀가루는 글루텐이 들어있는 강력쌀가루를 사용하므로 최종 단계까지 믹싱 ✔ 반죽팅이 질렁이므로, 반죽 손실에 주의 ✔ 밀기 시 너무 단단하게 누르면서 밀지 않고, 덥렁이 모양은 방향으로 해야 팬닝			

식빵	믹싱 단계	실기 요약	핵심 포인트	1차발효 완료점	2차발효 완료점	온도/시간
풀만식빵		1. 유지 제외한 모든 재료 넣어 저속으로 혼합 2. 클린업 단계에서 유지 넣고 저속 또는 중속으로 혼합 3. 유지 다 섞이면 중속 또는 고속으로 믹싱 4. 1차 발효 후, 250g씩 분할하고 둥글리기 → 중간발효 5. 밀어펴기 → 뒤집어 3겹접기 → 누르기 → 양 가 위쪽 끝부분 안쪽으로 살짝 집은 후, 돌돌 말아 붙함 6. 두 덩이씩 한 팬에 팬닝(식빵틀 4개) → 펀치 7. 2차 발효 후, 뚜껑 덮어 굽기 8. 굽기 후 작업대 위에 편칭하고 즉시 틀 제거 9. 뒤집어 냉각 후, 살짝 식으면 다시 뒤집어 윗면이 보이게 하여 제출	✓ 식빵 틀의 세로길이와 반죽의 길이를 같도록 할 것 ✓ 2차 발효 후, 뚜껑을 덮어 실온에 5분정도 놔둔 후, 오븐에 넣어도 됨	40분 전후	틀아래 2cm	170/180 35~40분
	최종단계					
버터톱식빵		1. 유지 제외한 모든 재료 넣어 저속으로 혼합 2. 클린업 단계에서 유지 넣고 저속 또는 중속으로 혼합 3. 유지 다 섞이면 중속 또는 고속으로 믹싱 4. 1차 발효 후, 460g씩 분할하고 둥글리기 → 중간발효 5. 밀어펴기 → 뒤집어 아랫부분 일자로 만들기 → 위에서부터 돌돌 말기(원 로프 형) → 붙함 6. 팬닝(식빵틀 4개) → 펀치 7. 2차 발효 후, 윗면 양가 1cm 제외하고 0.5cm 길이로 칼집내고, 버터 짜고 굽기 8. 굽기 후 작업대 위에 편칭하고 즉시 틀 제거	✓ 유지량이 많으므로 투입할 때 두 번 나누어 넣으면 벽면에 많이 묻는 것을 방지할 수 있음 ✓ 말기 시 틀을 가로길이보다 길어지지 않도록 주의할 것 ✓ 밀어펴기 두께가 두꺼우면 윗면 칼집을 넣을 때, 불룩하게 올라오지 않으므로 0.8cm 두께가 좋음 ✓ 윗면에 짜는 버터는 딱딱하거나 차가우면 짤주머니에 넣어 손으로 비벼 부드럽게 만들기	40분 전후	틀아래 2~2.5cm	170/180 30분 전후
	최종단계					

271

식빵	믹싱단계	실기 요약	핵심 포인트	1차발효 완료점	2차발효 완료점	온도/시간
식빵 식빵		1. 유지 제외한 모든 재료 넣어 저속으로 혼합				
		2. 클린업 단계에서 유지 넣고 저속 또는 중속으로 혼합				
		3. 유지가 다 섞이면 중속 또는 고속으로 믹싱	✔ 밀어펴기 두께가 얇으면 더 길어지지 않도록 주의할 것			
	최종단계	4. 1차 발효 후, 450g씩 분할하고 둥글리기→중간발효	✔ 밀어펴기 두께가 있으면 구웠을 때, 밤이 터져 나올 수 있음	40분 전후		170/180
		5. 밀어펴기→뒤집어 아랫부분 얇게 만들기→밤 올리고, 위에서부터 돌돌 말기(원 로프형)→봉함	✔ 모든 두께는 0.8~1cm가 좋음		틀아래 2~2.5cm 30분 전후	
		6. 팬닝(식빵틀 4개)→살짝 펀치	✔ 토핑 짤 때는 각자 사이즈에 맞춰 4줄 또는 5줄을 겹치지 않고, 무겁지 않게 짤 것			
		7. 2차 발효 후, 윗면 토핑 짜고, 아몬드슬라이스 올려 굽기	✔ 아몬드슬라이스는 토핑에 잘 붙을 수 있도록 토핑에 살짝 눌러주기			
		8. 굽기 후 작업대 위에 살짝 팬칭하고 즉시 틀 제거				

✔ 토핑 반죽법 : 마가린 풀기→설탕 크림화→달걀 나누어 투입하여 크림상태 →체질한 가루 저으듯이 혼합→깍지 끼운 쫄주머니에 담아 준비

작은 분할량빵	믹싱 단계	실기 요약	핵심 포인트	1차발효 완료점	2차발효 완료점	온도/시간
단과빵 (비상) 스트레이트법	최종단계 후기	1. 유지 제외한 모든 재료 넣어 저속으로 혼합 2. 클린업 단계에서 유지 넣고 저속 또는 중속으로 혼합 3. 유지 다 섞이면 중속 또는 고속으로 믹싱 4. 1차 발효 후, 50g씩 분할하고 둥글리기(발효 중 팥앙금 40g계량)→ 중간발효 5. 가스 빼듯 눌러준 후, 닫짐어 헤라 이용하여 앙금 감싸기 6. 팬닝 후, 지름 7~8cm 원형 만들고 가운데 눌러 동전 100원 크기만큼 얇게 만들어주고, 한바퀴 돌려 넓게 만들어 주기 7. 2차 발효 후, 굽기	✓ 비상 반죽법이므로 최종단계 막 확인한 후 3~5분정도 더 믹싱 ✓ 2차 발효는 넉넉히 시켜서 기온대가 올라오지 않도록 할 것 ✓ 가운데 두꺼운 느낌이 드는 제품은 헤라로 펴지고 모양 만들기 ✓ 앙금 감쌀 때, 헤라를 손에서 내려놓으면 감점 ✓ 개수는 36개 정도 나오며 작년에 비해 반죽분할량이 많아져 팬닝 시, 붙을 수 있으므로 9개서 4철판이 좋음 ✓ 오븐에는 두 철판씩 들어가야 하므로, 두 철판 정형이 끝나면 발효실에 넣고, 처음 만든 두 철판부터 굽기를 함	15~30분		
단과자빵 (소보로빵)	최종단계	1. 유지 제외한 모든 재료 넣어 저속으로 혼합 2. 클린업 단계에서 유지 넣고 저속 또는 중속으로 혼합 3. 유지 다 섞이면 중속 또는 고속으로 믹싱 4. 1차 발효 후, 50g씩 분할하고 둥글리기(발효 중 소보로 제조)→중간발효 5. 재둥글리기→물에 담근 후, 소보로 찍어 팬닝 6. 철판에 올려 지름 7~8cm 원형으로 잡아주고, 소보로가 철판에 떨어 져 있으면 정리하기 7. 2차 발효 후, 굽기 ✓ 소보로 반죽법: 마가린, 땅콩버터튼기→설탕, 소금, 물엿 혼합→달걀 혼합→작업대에 가루재료 체쳐하고 그림 올려 콩알크기로 다진 후, 손 으로 누르스름해 질 때까지 섞어주기	✓ 소보로 제조 시, 과믹싱을 하게 되면 소보로가 질어지고, 믹싱이 부 족하면 밝아지면 한 토 밝아지면 믹싱을 완료할 것 ✓ 실내온도가 높거나, 손에 열이 많을 경우에는 실짝만 손으로 털어준 후, 스크래퍼나 고무주걱을 이용하여 손 대신 털어주는 것이 좋음 (열에 소보로가 질어지지 않게 주의) ✓ 재둥글리기 시, 가스를 많이 빼지 않을 것 ✓ 정형 시, 소보로 30g은 작업대에 평평하게 깔고, 두 손으로 한 바퀴 굴러서 소보로가 골고루 물을 수 있게 할 것 ✓ 개수는 36개 정도 나오나 요구사항처럼 25개는 만들고 나머지는 감 독위원의 지시에 따르며 25개를 만들 경우, 8~9개씩 3철판을 만듦 ✓ 오븐에 철판이 3개 이상부터 들어가지 않으므로 몇 철판씩 어떻게 구울지 생각한 후, 정형 시 철판을 한꺼번에 발효실에 넣지 않을 것	40분 전후	약 30분	200/150 10~15분

직접 분할형 빵 믹싱 단계		실기 요약	핵심 포인트	1차발효 완료점	2차발효 완료점	온도/시간
단과자빵 (크림빵)	최종단계	1. 유지 제외한 모든 재료 넣어 저속으로 혼합 2. 클린업 단계에서 유지 넣고 저속 또는 중속으로 혼합 3. 유지가 다 섞이면 중속 또는 고속으로 믹싱 4. 1차발효 후, 45g씩 분할하고 둥글리기(발효 중 크림 준비)→중간발효 5. 긴 타원형으로 밀어펴기→뒤집어 크림 30g 얹기→덮은 후, 스크래퍼로 5개의 칼집 내기 6. 비충전용 반죽은 밀어펴서 반만 식용유 바르기→얹기 7. 팬닝 8. 2차발효 후, 굽기	✓ 반죽을 얇게 밀었을 때, 윗반죽이 조금 더 길게 나올 것 ✓ 크림이 타지지 않도록 반죽을 길게 밀어야 함(처음부터 한 번에 밀지 않고, 얇은 후, 살짝 밀어주고 다시 밀어펴도 됨) ✓ 칼을 밀어펴질 수 있도록 중간발효를 넉넉히 줄 것 ✓ 개수는 36개 정도 나오나 요구사항처럼 12개는 충전용 반죽 한 점 반으로 만들고, 12개는 비충전용 반죽으로 한 점 반죽 만든 후, 나머지 반죽은 감독위원의 지시에 따를 것	40분 전후	약 30분	200/150 10~15분
단과자빵 (트위스트형)	최종단계	1. 유지 제외한 모든 재료 넣어 저속으로 혼합 2. 클린업 단계에서 유지 넣고 저속 또는 중속으로 혼합 3. 유지가 다 섞이면 중속 또는 고속으로 믹싱 4. 1차발효 후, 50g씩 분할하고 둥글리기→스팀오븐 예비발효→중간발효 5. 8자형은 25cm 밀어편 후, 모양 만들고, 달팽이형은 35~40cm 밀어편 후, 한 쪽 끝 남겨하여 철판 위에서 굵은 쪽을 중심으로 돌려가며 감은 만든 후, 얇은 끝부분은 아래쪽으로 살짝 넣기 6. 팬닝 7. 2차발효 후, 굽기	✓ 둥글리기 후, 스팀오븐으로 예비발효를 하여 밀어펴기가 편하도록 할 것 ✓ 8자형 정형 시, 길이와 비율에 신경써서 풀리지 않도록 주의하기 ✓ 개수는 35개 정도 나오나 요구사항처럼 24개는 감독위원이 지시하는 개수에 따라 만들고, 나머지 반죽 또한 지시에 따를 것			

작은 분할량 빵	믹싱 단계	실기 요약	핵심 포인트	1차발효 완료점	2차발효 완료점	온도/시간
버터롤	최종단계	1. 유지 제외한 모든 재료 넣어 저속으로 혼합 2. 클린업 단계에서 유지 넣고 저속 또는 중속으로 혼합 3. 유지 다 섞이면 중속 또는 고속으로 믹싱 4. 1차 발효 후, 50g씩 분할하고 둥글리기 → 번데기모양 예비성형 → 중간발효 5. 윗부분을 바닥에 붙이고, 한 손은 밀어펴고, 한 손은 반죽을 받쳐 25~27cm로 밀어펴기(윗부분 지름은 5~7cm가 적당하며 두께는 일정하고 꼬리부분은 조금 더 얇게 만들 것) 6. 팬닝 7. 2차 발효 후, 굽기	✓ 유지양이 많으므로 투입할 때 두 번 나누어 넣으면 벽면에 많이 묻는 것을 방지할 수 있음 ✓ 개수는 35개 정도 나오나 요구사항처럼 24개는 12개씩 두 철판을 만들고 나머지 반죽은 감독위원의 지시에 따를 것 ✓ 너무 단단하게 말면 굽기 후, 겉부분이 터질 수 있으므로 주의할 것 ✓ 번데기의 결은 5~7개가 적당하며, 너무 길거나 휘거나 휘지 않도록 주의할 것	40분 전후	약 30분	200/150 10~15분

큰 분류(빵)	믹싱 단계	실기 요약	핵심 포인트	1차발효 완료점	2차발효 완료점	온도/시간
모카빵	최종단계	1. 유지 제외한 모든 재료 넣어 저속으로 혼합 2. 클린업 단계에서 유지 넣고 저속 또는 중속으로 혼합 3. 유지 다 섞이면 중속 또는 고속으로 믹싱→물기를 제거한 건포도 넣어 저속으로 혼합 4. 1차 발효 후, 250g씩 분할하고 둥글리기(발효 중 비스킷 제조)→중간발효 5. 밀어펴기 끝난 비스킷 반죽 100g씩 밀어펴고→비스킷 밀어펴기→위에서부터 돌돌 말기(덕비공 모양)→봉함→비스킷 밀어펴고 반죽 감싸 팬닝 6. 2차 발효 후, 굽기	✓ 건포도는 미지근한 물에 집은 만큼 받아서 전처리 하고, 믹싱이 끝나면 물기 충분히 제거하기 ✓ 반죽 밀어펴기 시, 건포도가 터지지 않도록 밀지 않게 말았을 때의 길이 20cm가 좋음 ✓ 둥글리기 및 정형 시, 튀어나온 건포도는 반죽 안으로 집어 넣어 표면이 매끈하도록 할 것 ✓ 비스킷 반죽은 얇이 밀어펴면 지대에 밀어펴야 찢어지지 않으며, 빵 반죽을 다 덮을 수 있을 만큼 밀어펴기 ✓ 개수는 6개가 나오며 세 개 씩 마음 팬닝하기 ✓ 굽기 시, 옆면 색이 날 수 있도록 나면 윗불을 살짝 낮춰 천천히 구워주기	40분 전후	약 30분	180/160 25~30분
호밀빵	최종단계 발전단계 후기	1. 유지 제외한 모든 재료 넣어 저속으로 혼합 2. 클린업 단계에서 유지 넣고 저속 또는 중속으로 혼합 3. 유지 다 섞이면 중속으로 믹싱 4. 1차 발효 후, 330g씩 분할 5. 밀어펴기→뒤집어 아랫부분 일자로 만들기→위에서부터 돌돌 말기(덕비공 모양)→봉함 6. 2차 발효 후, 윗면 양끝 1cm 제외하고 1cm 깊이로 칼집→물분무 7. 굽기	✓ 호밀가루는 글루텐을 만들기 어려워 힘이 없기 때문에 믹싱을 90% 만할 것 ✓ 반죽온도가 25℃로 낮으므로, 중속으로만 믹싱하여 마찰열을 많이 주지 않을 것 ✓ 말았을 때 길이는 23~25cm가 좋으며, 밀어펴기 두께를 너무 얇게 하거나 너무 타이트하게 말았을 경우 굽기 시 옆면이 찢어지므로 주의할 것 ✓ 2차 발효를 넉넉히 하여 옆면이 찢어지지 않도록 할 것 ✓ 개수는 6개가 나오며 세 개씩 두 철판 팬닝하기 ✓ 굽기 시, 옆면 색이 날 수 있도록 윗면이 나면 윗불을 살짝 낮춰 천천히 구워주기	50분 전후	약 40분	190/180 30~35분

기타류빵	믹싱 단계	실기 요약	핵심 포인트	1차발효 완료점	2차발효 완료점	온도/시간
소시지빵	최종단계	1. 유지 제외한 모든 재료 넣어 저속으로 혼합 2. 클린업 단계에서 유지 넣고 저속 또는 중속으로 혼합 3. 유지 다 섞이면 중속 또는 고속으로 믹싱 4. 1차 발효 후, 70g씩 분할하고 둥글리기(발효 중 충전물 계량하고 양파 썰기) → 중간발효 5. 손으로 누른 후, 뒤집어 소시지 감싸기 → 철판에 올려 낙엽모양(가위집 9등분)과 꽃모양(가위집 8등분) 내기 6. 2차 발효 후, 마요네즈에 버무린 양파 올리고, 피자치즈 올린 후, 짤주머니에 케찹 넣어 0.2cm 두께로 지그재그로 뿌리기 7. 굽기	✓ 양파는 0.5cm로 썰고, 마요네즈에 미리 버무리면 물이 생기므로, 올리기 직전에 버무리는 것이 좋음 ✓ 낙엽모양은 9등분이므로 가위집 8번 기울여서 낼 것(뾰족한 모양을 위해). 꽃잎모양은 8등분이므로 가위집 7번 세워서 내기(둥근 모양을 위해). ✓ 케찹은 힘을 힘을 많이 주고 뿌리면 선이 굵고 생기며 굵게 나오므로 힘을 빼고 살살 뿌려주면 않고 예쁘게 나옴 반죽을 위해 뿌리면 타기 때문에 소시지까지만 뿌려주는 것이 좋음 ✓ 양파는 소시지를 다 덮지 않고 평평하게 올릴 것 ✓ 개수는 18개가 나오며, 12개 제출이므로 6개 씩 두 철판을 팬닝 하는 것이 가장 좋고 나머지 반죽은 감독위원의 지시에 따름	40분 전후	약 25분	190/160 15~20분
통밀빵	발전단계 후기	1. 유지 제외한 모든 재료 넣어 저속으로 혼합 2. 클린업 단계에서 유지 넣고 저속 또는 중속으로 혼합 3. 유지 다 섞이면 중속으로 믹싱 4. 1차 발효 후, 200g씩 분할하고 둥글리기 → 중간발효 5. 밀어펴기 → 뒤집어 3겹 접기 → 말기 → 봉함 → 전면 붓으로 물칠 후 오트밀 묻히기 → 팬닝 6. 2차 발효 후, 물분무 → 굽기	✓ 통밀가루는 밀가루에 비해 입자가 거칠고 글루텐을 만들기 어려워 힘이 없기 때문에 믹싱을 90%만 할 것 ✓ 반죽온도가 25℃로 낮으므로, 중속으로만 믹싱하여 마찰열을 많이 주지 않을 것 ✓ 말았을 때 길이는 요구사항처럼 22~23cm를 맞출 것 ✓ 개수는 9개가 나오며, 4~5개씩 두 철판 팬닝하기	50분 전후	약 30분	

기타쿨빵	믹싱 단계	실기 요약	핵심 포인트	1차발효 완료점	2차발효 완료점	온도/시간
스위트롤	최종단계	1. 유지 제외한 모든 재료 넣어 저속으로 혼합 2. 클린업 단계에서 유지 넣고 저속 또는 중속으로 혼합 3. 유지 다 섞이면 중속 또는 고속으로 믹싱 4. 1차 발효 후, 두 덩이로 나누어 각각 둥글리기→중간발효 5. 세로 30~35cm, 두께 0.5cm 직사각형으로 밀어펴기 6. 충전물 바른 후 2cm 제외하고 붓으로 녹인버터→스크래퍼를 이용하여 두께 1.5cm로 2번 절단 드리블 치기→말기→봉합→스크래퍼를 이용하여 두께 1.5cm로 2번 절단 드리블 리프팅과 1면 절단 야자엽형 모양 만들어 팬닝 7. 2차발효 후, 굽기	✓ 밀어펴기 시, 아래에서부터 위로 꼼꼼하게 당겨주며 말아주고, 타지지 않도록 잘 봉합할 것 ✓ 스크래퍼로 두께 1.5cm 자를 때, 겉의 끝부분까지 잘리서 확실히 펼쳐 줄것 ✓ 야자엽형 12개로 한 철판, 트리플리프(세잎사형) 9개로 한 철판 만들고, 나머지 반죽은 감독위원(시험위원)의 지시에 따를 것	40분 전후	약 30분	190/160 12~15분
베이글	발전단계	1. 모든 재료 투입하여 저속으로 믹싱 2. 클린업 단계에서 중속 또는 고속으로 믹싱 3. 1차 발효 후, 80g씩 분할하고 둥글리기→중간발효 4. 밀어펴기→뒤집어 3겹 접기→말기→봉합→한 쪽 끝을 밀대로 위아래로 밀고, 한 쪽 않은 부분을 말아면 부분으로 살짝 걸치듯이 가져와 봉합이 아래로 가도록 하여 팬닝 5. 2차발효 후, 따뜻한 물에 한 면 당 4~6초 데치기 6. 굽기	✓ 밀어펴기 시, 길이는 25cm가 좋으며 링모양을 만들었을 때 숫지림 4cm가 적당함 ✓ 데치기가 부족하면 다시 2차발효를 해줄 것 ✓ 유산지를 사용하도 되고, 사용하지 않을 경우에 철판에 덧기름 문해줄 것 ✓ 데치는 물이 너무 뜨거우면 표면이 거칠게 나오므로 100°C가 넘지 않은 선에서 오래 데치면 매끈모양으로 주의 할 것 ✓ 개수는 16개가 나오며, 8개씩 두 철판 팬닝하기	40분 전후	약 20분	200/180 15~20분
그리시니	발전단계	1. 모든 재료 투입하여 저속으로 믹싱 2. 클린업 단계에서 중속 또는 고속으로 믹싱 3. 1차 발효 후, 30g씩 분할하고 둥글리기→스틱모양 예비정형→중간발효 4. 길이 35~40cm로 길게 밀어펴기→팬닝 5. 2차발효 후, 굽기	✓ 분이 두껍거나 밭죽하지 않도록 하며, 한 번에 밀어펴기 힘들 경우 3회에 나누어 밀어펴는 방법도 있음 ✓ 팬닝 시 반죽을 읽기단면서 팬닝하면 구웠을 때 반죽이 휘게 나오므로 밀어면 그대로 일자로 팬닝할 것 ✓ 개수는 42개 정도 나오며, 10~11개씩 4개의 철판을 만듦 ✓ 오븐에는 두 철판씩 들어가야 하므로, 두 철판 정형이 끝나면 발효 실에 넣고, 처음 만든 두 철판부터 굽기를 함	약 30분	약 15분	210/180 15~20분

기타류빵	믹싱 단계	실기 요약	핵심 포인트	1차발효 완료점	2차발효 완료점	온도/시간
		1. 유지 제외한 모든 재료 넣어 저속으로 혼합				
		2. 클린업 단계에서 유지 넣고 저속 또는 중속으로 혼합	✓ 팬닝한 윗부분이 먼저 기름에 잠기도록 넣어야 오븐스프링에 의해 모양이 봉긋하고 예쁘게 나옴			
		3. 유지 다 섞이면 중속 또는 고속으로 믹싱				
빵도넛	최종단계	4. 1차 발효 후, 46g씩 분할하고 둥글리기→스틱모양에 예비성형→중간발효	✓ 개수는 46개 정도로 나오며, 11~12개씩 4개의 철판을 만듦	40분 전후	약 30분	튀김기름 175~185℃
		5. 8자형은 25cm 밀어편 후, 모양 만들고, 꽈배기는 30~33cm 밀어편 후, 양쪽 끝 돌게 하여 꼬아서 붙힘→팬닝	✓ 튀겼을 때, 양면에 하얀선이 생겨야 발효가 잘 된 반죽			
		6. 2차 발효 후, 튀기기	✓ 튀김 후 감독위원의 지시에 따라 설탕 및 계피설탕을 묻혀줄 수 있음			

⌨ 알아두면 유용한 10가지 팁!

1. 강력분은 박력분에 비해 뭉치지 않기 때문에 체질을 생략할 수 있으나, 발효종 등대 및 시감 개선 등으로 설탕, 소금을 제외한 가루재료들은 체질하는 것이 좋다.

2. 1차발효 완료점은 손가락을 물려 반죽을 찔러보았을 때, 손가락 자국이 그대로 있거나, 아주 살짝 올라오는 정도이다.

3. 반죽온도는 보통 액체로 정해지는데, 실내온도가 낮을 경우, 따뜻한 물(40~50℃)을 사용하고, 실내온도가 높을 경우, 얼음물을 사용한다.

4. 반죽온도가 낮거나, 발효와 믹싱이 부족한 경우는 완제품에 좋지 않은 영향을 주므로, 부족하지 않도록 주의한다.

5. 시험장에서 지급되는 얼음을 용도는 얼음물을 사용하여 반죽의 온도를 낮추는 용도로만 활용이어야 하며, 얼음물을 믹서볼 밑바닥에 반죽는 방법은 안전한 시행을 위하여 사용을 금한다.

6. 반죽 재료에 따라 같은 최종단계에도 상태가 다르다. 특히, 설탕, 달걀, 유지의 비율이 높은 반죽들은 처음에 믹서볼 벽면에 많이 묻고 빨리 뭉쳐지지 않기 때문에 어유를 갖고 기다린다.

7. 시험장 발효실의 습도와 온도는 설정되어 있고(본인이 설정할 필요 없음), 공용으로 사용하기 때문에 발효실 문을 자주 여닫지 않는다.

8. 토핑용 반죽은 계량 검사를 별도로 받지 않는다. 발효 시간을 잘 활용하여 제조한다.

9. 팬닝 시 팬닝 간격에 주의하며, 특히, 큰 부풀랑 빵들은 윗면에 색이 많이 나면, 옆면엔 색이 천천히 나므로, 윗 색이 나기 시작하면 윗 불을 낮춰 옆에도 색이 날 수 있도록 온도 조절을 해야 한다.

10. 오븐 예열은 1차 발효 중에 할 수 있고, 감독위원의 지시에 따라 2차 발효에 예열할 수도 있으며 굽기 중, 앞뒤의 색상이 다를 경우, 철판을 돌려 색상을 맞춰 준다.

279